U0714151

Treasures for Scholars Worldwide

師顧堂叢書

蔣鵬翔 沈楠 主編

金澤文庫本

春秋經傳集解

十

哀公

〔晉〕杜預 注

廣西師範大學出版社
GUANGXI NORMAL UNIVERSITY PRESS
·桂林·

左傳集解
三十卷

正三十六牛

春秋經傳集解哀下第三十　杜氏　盡二十七年

金澤文庫

春秋經傳集解哀下第三十　杜氏　盡二十七年

金澤文庫

經十有四年春西狩獲麟

麟者仁獸（呂辛反又力珍反瑞獸也解見詩音）聖王之嘉瑞也時無明王出而遇獲神巳傷周道之不興感嘉瑞之無應故曰魯春秋而脩中興之教絶筆於獲麟之一句所感而作固所以為終也冬獵曰狩蓋虞人脩常職故不書狩者大野在魯西故言西狩得

書狩者大野在魯西故言西狩得
用曰射小邾
獲也小邾射以句繹來奔大夫句
繹地名春秋止於獲麟故射不在
三叛人之數自此以下至十六年
皆魯史記之文弟子欲存孔子
卒故并錄以續孔子所脩之經夏
四月齊陳恒執其君寘于舒州庚
戌叔還卒無傳五月庚申朔日有食

[illegible]

之 無傳 陳宗豎出奔楚 無傳 宋向魋入

于曹以叛 曹宋邑 莒子狂卒 無傳 六月

宋向魋自曹出奔衛宋向巢來奔

齊人弑其君壬于舒州秋晉趙鞅

帥師伐衛 無傳 八月辛丑仲孫何忌

辛冬陳宗豎自楚復入于陳〻人殺之 傳無 陳轅買出奔楚 傳無 有星孛 無傳不言所在史失之 饑 無傳

傳

十四年春西狩於大野叔孫氏之車子鉏商獲麟 大野在高平鉅野縣東北大澤是也

……縣東北大澤是也

車子微者鉏商名也以為不祥以賜虞人時所未嘗見故怪之虞人掌山澤之官也仲尼觀之曰麟也然後取之言魯史所以得書獲麟小邾射以句繹來奔曰使季路要我吾無盟矣子路信誠故欲得與相要誓而不須盟孔子弟子既續書魯策以繫於經丘明亦隨而傳之

而不須盟孔子弟子既續書
魯策以繫於經丘明亦隨而傳之
終於哀公以卒前事其異事則皆
略而不傳故此經使子路子路辭季
無傳者多也
康子使冉有謂之曰千乘之國不
信其盟而信子之言子何辱焉對
曰魯有事于小邾不敢問故死其

城下可也彼不臣而濟其言是義之也由弗能也濟成齊簡公之在魯也闞止有寵焉簡公悼公陽生之子壬也闞止子我也事在六年及即位使為政陳成子憚之驟顧諸朝成子陳常心不安故數顧之諸御鞅

……安故數顧之

言於公鞅齊大夫曰陳闞不可並也君

其擇焉擇用一人弗聽子我夕夕視事陳

逆殺人逢之陳逆子行陳氏宗也子我逢之遂執

以入執逆至朝陳氏方睦欲謀齊國故宗族和使

疾而遺之潘沐備酒肉焉使詐病因內潘

[illegible]

唯李反　芳表反注皆ヽ　因内潸

沐并得内酒肉潘　米汁可以沐頭　饗守囚者醉而

殺之而逃子我盟諸陳於陳宗　陳

逆懼其反為　患故盟之　初陳豹欲為子我臣

豹亦陳　氏族也　使公孫言已　言已介　達之　已有

喪而止既而言之　既終　喪也　曰有陳豹

喪也

者長而上僂肩背僂望視目望陽事君

子必得志得君子意欲為子臣吾憚其

為人也詐故緩以告子我曰何

害是其在我也使為臣他日與之

言政説遂有寵謂之曰我盡逐陳

氏而立女若何對曰我遠於陳氏矣言已疏遠且其違者不過數人違不從也何盡逐焉遂告陳氏子行曰彼得君弗先必禍子子行舍於公宮子行逃而隱於陳氏今反隱於公宮夏五月壬申成子

兄弟四乘如公成子之兄弟昭子莊簡子齒宣子夷穆子安廩丘子意茲子芒盈惠子得凡八人二人共一乘子我在幄幄帳也聽政之處出逆之遂入閉門成子入反閉門不納子我侍人禦之子我侍人子行殺侍人素在內故得殺之公與婦人飲酒

殺侍人得殺之公與婦人飲酒
于檀臺成子遷諸寢徙公使居正寢公執
戈將擊之疑其欲作亂大史子餘曰非
不利也將除害也言將爲公除害成子出
舍于庫以公怒故聞公猶怒將出曰何
所無君子行抽劍曰需事之賊也

[illegible]子行抽劍曰需事之賊也
言需疑則害事誰非陳宗言陳氏宗族衆多也所不
殺子者有如陳宗言子若欲出我必殺子明如陳
宗乃止子我歸屬徒攻闈與大門
闈宮中小門大門公門也皆不勝乃出陳氏追
之失道於弇中適豐丘弇中狹路豐丘陳氏邑

豐丘陳氏

邑豐丘人執之以告殺諸郭關　關齊

名成子將殺大陸子方　子方子我臣陳

逆請而免之以公命取車於道　子方

取道中行人車及耏衆知而東之　知其矯命奪車

逐使東出雍門　齊城門也陳豹與之車弗

東　出雍門門也陳豹與之車弗
受曰逆為余請豹與余車余有私
焉事子我而有私於其讎何以見
魯衛之士傳言陳氏務施東郭賈奔衛賈即
子方庚辰陳恒執公于舒州公曰吾
早從鞅之言不及此悔不誅陳氏宋桓

□衛鞅之□□陳氏□宋桓
魋之寵害於公恃寵驕盈公使夫人驟
請享焉而將討之夫人景公母也數請享飲欲因
請討之未及魋先謀公請以鞌易薄
鞌向魋邑薄公邑欲因易邑為公享宴而作亂公曰不可
薄宗邑也宗廟所在乃益鞌七邑而請
享公焉僞喜於以日中為期家備

濮宗邑也所在[...]益鞌七邑而請
享公焉僞喜於受賜以日中為期家備
盡往甲兵之備公知之告皇野曰余長
魋也長育之皇野司馬子中令將禍余請即
救司馬子仲曰有臣不順神之所
惡也而況人乎敢不承命不得左
[...]左鄉向魋[...]

麇　麇匕

惡（烏路反）也而況人乎敢不承命不得左

師不可（左師向魋兄向巢也）請以君命召之

左師每食擊鍾聞鍾聲公曰夫子

將食既食又奏（奏樂）公曰可矣以乘

車往曰迹人來告（迹人主迹禽獸者）曰逢澤

有介麇焉（地理志言逢澤在滎陽開封縣東北遠疑非介）

九倫反獐也本又作麇亦作麕

大

麇

…開封縣東北遠疑非介大也　古界　九倫反獐也本又作麇巨悲反

公曰雖魋來得左師吾與之

田若何皇野稱公命君憚告子難以遊戲煩大

臣野曰嘗私焉嘗試也君欲速故以

乘車逆子與之乘至公告之故拜

不能起司馬曰君與之言使公與要誓

公曰所難子者上有天下有先…

不能起司馬曰君與之言要誓
公曰所難子者上有天下有先君
言雖誅魋要不負言使禍難及子對曰魋之不共
宋之禍也敢不唯命是聽司馬請
瑞焉瑞符節以發兵以命其徒攻桓氏桓代
向魋
其父兄故臣曰不可司馬故臣與桓魋無
怨

魋其父兄故臣曰不可與桓魋無怨者其新臣曰從吾君之命遂攻之子頎騁而告桓司馬子頎桓魋弟桓司馬即魋也司馬欲入入攻君子車止之子車亦魋弟曰不能事君而又伐國民不與也祇取死焉向魋遂入于曹以叛哀八年宋滅曹

稍取列聚向魋遂入于曹以叛八
并宋臧曹　六月使左師巢伐之欲
以為邑　巢不能克魋恐公
質大夫以入焉　怒欲得國內大夫
為質還　不能亦入于曹取質　不能
入國　得大
夫故入曹劫曹人子
弟而質之欲以自固　魋曰不可既
不能事君又得罪于民將若之何
二九
舍曹

不能事君又得罪于民將若之何
乃舍之（舍曹子弟）民遂叛之向魋奔衛
向巢來奔宋公使止之曰寡人與
子有言矣不可以絶向氏之祀辭
曰臣之罪大盡殱桓氏可也若以
先臣之故而使有後君之惠也若

先臣之故不使相從君之惠也若
臣則不可以入矣司馬牛致其邑
與珪焉而適齊牛桓魋弟也珪守邑符信向魋
出於衛地公文氏攻之公文氏衛大夫求
夏后氏之璜焉與之他玉而奔齊
陳成子使爲次卿司馬牛又致其

陳成子使為次卿司馬牛又致其
邑焉而適吳（亦不與魋同）吳人惡之而
反趙簡子召之陳成子亦召之卒
於魯郭門之外阬氏葬諸丘輿（阬氏
魯人也泰山南城縣西北有輿城錄其卒葬所在愍賢者失所）甲
午齊陳恒弒其君壬于舒州（壬簡公也）
[illegible]

午齊陳恒弒其壬于舒州

孔丘三日齊而請伐齊三公曰魯

為齊弱久矣子之伐之將若之何

對曰陳恒弒其君民之不與者半

以魯之眾加齊之半可克也公曰

子告季孫孔子辭退而告人

日吾以從大夫之後也故不敢不
言嘗為大夫而去故言後初孟孺子洩將圉
馬於成洩孟懿子之子孟武伯也圉畜養也成孟氏邑成
宰公孫宿不受曰孟孫為成之病
不圉馬焉病謂民貧困孺子怒襲成從

貧困

者不得入乃反成有司使孺子鞭

之恨恚故鞭成有司之使人秋八月辛巳孟子

卒成人奔喪弗內袒免哭于衢聽

共弗許請聽命共使懼不歸不敢歸成為明年成

叛傳

傳

經十有五年春王正月成叛夏五月齊高無丕出奔北燕普悲反無傳鄭伯伐宋無傳秋八月大雩于無傳晉趙鞅帥師伐衛無傳冬晉侯伐鄭無傳及齊平曹與齊平衛公孟彄苦侯反出奔齊無傳

衛公孟彄出奔齊 傳

傳十五年春成叛于齊武伯伐成不

克遂城輸 以偪成 夏楚子西子期伐

吳及桐汭 宣城廣德縣西南有桐 水出白石山西北入丹

陽湖 陳侯使公孫貞子弔焉 弔爲楚 所伐

及良而卒 良吳 地 將以尸入 聘禮若 賔死未

將命則既斂於棺

及良而卒地將以尸入貞死未

將命則既斂於棺造於朝介將命吳子使大宰嚭

勞且辭曰以水潦之不時無乃廩

然隕大夫之尸廩然傾動貌以重寡君

之憂寡君敢辭上介芋尹蓋對蓋陳

文夫貞子上介曰寡君聞楚為不道荐伐

荐重

子上介[illegible]

吴國（存也重）滅厥民人寡君使蓋備

使介君之下吏（備猶副也）無祿使人逢

天之慼大命隕隊絶世于良（絶世猶言弃世）

廢日共積（廢行道之日以共具殯斂所積聚之用也）

一日遷次（一日使遷次不敢留君命也）今君命

一日遷次敢留君命也今君命

逆使人曰無以尸造于門是我寡

君之命委于草莽也且臣聞之曰

事死如事生礼也於是乎有朝聘

而終以尸將事之禮朝聘道死以尸行事又

有朝聘而遭喪之礼遭所聘之喪若不

以尸將命是遭喪

有卑聘而遭喪之禮　之喪　者不

以尸將命是遭喪而還也無乃不

可乎以禮防民猶或踰之今大夫

曰死而棄之是棄禮也其何以為

諸侯主　謂主盟也　先民有言曰無穢虐

士　虐士死者　備使奉尸將命苟我寡君

死者備使奉尸將命苟我寡君之命達于君所雖隕于深淵則天命也非君與涉人之過也吳人内之（傳言芋尹蓋知礼）秋齊陳瓘如楚（瓘陳恒之兄子玉也）過衛仲由見之（仲由子路）曰天或者以陳氏為斧斤既斲喪公室而

者以陳氏爲斧斤既斲喪公室而
他人有之不可知也其使終饗之
亦不可知也饗受也若善魯以待時
不亦可乎何必惡焉仲由事孔子故爲魯言
子玉曰然吾受命矣子使告我弟
弟成子也冬及齊平子服景伯如齊子
贛爲介見公孫成公孫成成宰

子也[illegible]

贛為介見公孫成公孫成成宰公孫宿也曰

人皆臣人而有背人之心況齊人

雖為子役其有不貳乎言子叛魯齊人亦將

叛子子周公之孫也多饗大利猶思

不義利不可得而喪宗國將焉用

之喪宗國謂以邑入齊[illegible]

不義利不可得而喪宗國將焉用
之喪宗國謂以邑入齊使魯有危亡之禍成曰善哉
吾不早聞命傳言仲尼之徒皆忠於魯國陳成
子館客使景伯子贛就館曰寡君使恒告
曰寡人願事君如事衛君言衛與齊同好
而魯未肯景伯揖子贛而進之對曰寡
[illegible]

未肯景伯揖子贛而進之對曰寡君之願也昔晉人伐衛在定八年齊為衛故伐晉冠氏喪車五百在定九年冠氏陽平館陶縣因與衛地自濟以西禚媚杏以南書社五百二十五家為一社籍書而致之吳人加敝邑以亂在八年齊因其病

吳人加敝邑以亂　年　齊因其病
取讙與闡　亦在八年　寡君是以寒心若
得視衛君之事君也則固所願也
成子病之乃歸成　病其言也　公孫宿以
其兵甲入于嬴　嬴齊邑　衛孔圉取大
子蒯聵之姊生悝　孔圉孔文子也　蒯聵姊孔伯姬

子蒯聵之姊生悝 蒯聵姊孔伯姬
孔氏之豎渾良夫長而美孔文子
卒通於內 通伯姬 大子在戚孔姬使
之焉 使良夫詣大子所 大子與之言曰苟
使我入獲國服冕乘軒三死無與
冕大夫服軒大夫車三死〻罪三也 與之盟為請於

伯姬良夫為大子請閏月良夫與大子入舍於孔氏之外圃昏二人蒙衣而乘二人大子與良夫蒙衣為婦人服也寺人羅御如孔氏孔氏之老欒寧問之稱姻妾以告自稱昏姻家妾遂入適伯姬氏既

詐稱姻家妾遂入適伯姬氏既

食孔伯姬杖戈而先大子與五人

介輿豭從之介被甲輿豭豚欲以盟迫孔悝

於廁強盟之孔氏專政故劫孔悝欲令逐輒也遂劫

以登臺欒寧將飲酒炙未熟聞亂

使告季子季子子路也為孔氏邑宰召獲駕乘

車召獲衛大夫駕行爵食炙奉

使告季子子路為孔氏邑宰

車召獲衛大夫乘車言不欲戰行爵食炙奉衛

侯輒來奔季子將入遇子羔將出

子羔衛大夫高柴孔子弟子將出奔

曰門已閉矣季

子曰吾姑至焉且欲至門子羔曰弗及

不踐其難言致不及已可不須踐其難季子曰

食焉不辟其難謂食孔

…不須踐其難…曰

食焉不辟其難謂食孔氏祿子羔遂出

子路入及門公孫敢門焉守門曰無

入為也言輒已出無為復入季子曰是公孫

也求利焉而逃其難由不然利其

祿必救其患有使者出乃入因門開而

入

[illegible]

入曰大子焉用孔悝雖殺之必或繼之言已必繼孔悝為難攻大子且曰大子無勇若燔臺半必舍孔叔大子聞之懼下石乞盂黶敵子路二子蒯聵黨敵當也以戈擊之斷纓子路曰君子死冠

[illegible]

以戈擊之斷纓子路曰君子死冠不免（不使冠在地）結纓而死孔子聞衛亂曰柴也其來由也死矣孔悝立莊公（莊公蒯聵也）莊公害故政欲盡去之（故政輒之臣）先謂司徒瞞成曰寡人離病於外久矣子請亦嘗之歸告褚師比欲與之伐公不果（比褚師）

蒯聵於外久矣子言亦常之卑告

褚師比欲與之伐公不果比褚師聲子爲

明年瞞成奔越

經十有六年春王正月己卯衛世子

蒯聵自戚入于衛衛侯輒來奔書

眷皆從古

二月衛子還成出奔宋即瞞比成

中已先与公

従告　二月衛子還成出奔宋

夏四月己丑孔丘卒　仲尼既告老去位猶書卒者魯之君臣宗其聖德殊而異之魯襄二十二年生至今七十三也四月十八日乙丑無己丑己丑五月十二日日月必有誤。

傳十六年春瞞成褚師比出奔宋　欲伐莊公不果而奔

衛侯使鄢武子告于周　武子衛大夫

果而奔衛侯使鄢武子告于周
衛大夫　曰蒯聵得罪于君父君母
肸也
逋竄于晉以王室之故不弃兄
弟寘諸河上　河上戚也　天誘其衷獲嗣守
封焉使下臣肸敢告執事王使單
平公對曰肸以嘉命來告余一人

平公對曰肸以嘉命来告余一人往謂叔父余嘉乃成世復爾祿次敬之哉（繼父之世還居君之祿次）方天之休（言天方授爾以休）弗敬弗休悔其可追（傳終蒯聵之事）

夏四月己丑孔丘卒公誄之曰旻天不弔不憖遺一老俾屏余一人

天不弔不憖遺一老俾屛余一人以在位仁覆閔下故稱旻天弔至也憖且也俾使也屛蔽也縈縈余在疚嗚呼哀哉尼父無自律疚病也律法也言喪尼父無以自為法子贛曰君其不沒於魯乎夫子之言曰禮失則昏名失則愆失志為昏失所為

[illegible]
愆生不能用死而誄之非禮也稱一人非名也天子稱一人非諸侯之名君兩失之之六月衛侯飲孔悝酒於平陽平陽東郡燕縣東北有平陽亭重酬之大夫皆有納焉納賊賄也醉而送之夜半而遣之夜遣者懃
[illegible]

賄也……者趣須孔悝不欲令人見載伯姬於平陽而行載其毋倶去及西門平陽門使貳車反祏於西圃使副車還取廟主西圃孔氏廟所在祏藏主石函子伯季子初為孔氏臣新登于公升為大夫請追之遇載祏者殺而乘其車子伯殺許公為反祏孔悝恠載祏

夫

請追之遇載祏者殺而乘其車

子伯殺載祏者許公為反祏孔悝怪載祏者久不來使公為反逆之遇之曰與不仁人爭明無不勝不仁人謂子伯季子也明無不勝言必勝為必使先射ゝ三發皆遠許為ゝゝ射之殪傳言子伯不仁所以死也或以其車從從公為

得祏於槖中孔悝出奔宋

死仁所以死也

得祏於槀中孔悝出奔宋楚大子

建之遇讒也自城父奔宋在昭十九年

又辟華氏之亂於鄭在昭二十年鄭人

甚善之又適晉與晉人謀襲鄭乃

求復焉鄭人復之如初晉人使諜

請行襲鄭之

求復焉鄭人復之如初晉人使諜 徒協反

於子木請行而期焉 請行襲鄭之期子木即建

也

子木暴虐於其私邑〻人訴之

鄭人省之得晉諜焉遂殺子木其

子曰勝在吳子西欲召之葉公曰

吾聞勝也詐而亂無乃害乎 始涉反 葉公子高

沈諸

吾聞勝也詐而亂無乃害乎子高沈諸梁也子西曰吾聞勝也信而勇不為不利舍諸邊竟使衛藩焉使為藩屏之衛葉公曰周仁之謂信周親也率義之謂勇率行也吾聞勝也好復言言之所許必欲復行之不顧道理而求死士殆有私乎私謀復言非信也期死非勇也

之不顧道理而求死士殆有私

乎私謀復讎復言非信也期死非勇也

期必也子必悔之弗從召之使處吳

竟為白公白楚邑也汝陰褒信縣西南有白亭請伐

鄭子西曰楚未節也言楚國新復政令猶未得

節制不然吾不忘也他日又請許之

制也不然吾不忘也他日又請許之
未起師晉人伐鄭楚救之與之盟
勝怒曰鄭人在此讎不遠矣比子西於鄭人
勝自厲劒子期之子平見之曰
王孫何自厲也曰勝以直聞不告
女庸為直乎將以殺爾父平以告

[illegible]

子西子西曰勝如卵來管反余翼而長之千丈反以鳥為喻楚國第用士之次第大佃反我死令尹司

馬非勝而誰勝聞之曰令尹之狂

也得死乃非我言我必殺之若得自死我乃不復扶又反成人

子西不悛七全反勝謂石乞曰石乞勝之徒

與二卿士二卿士子

子西不悛月言不亡之徒　曰

宜僚ト者　今或作熊相宜僚相息案文

王與二卿士　二卿士子西子期　皆以五百

人當之則可矣乞曰不可得也　五百

人不可得　曰市南有熊宜僚者若得之

可以當五百人矣乃從白公而見

之與之言說告之故辭　告欲作乱宜僚辭距

之[illegible]　挾劍指[illegible]

宜僚

之承之以劍不動挾劍指其喉勝曰不

為利諂不為威惕不洩人言以求

媚者去之吳人伐慎白公敗之汝陰

慎縣也

請以戰備獻與吳戰之所得鎧杖兵器皆備

而獻之欲曰以為亂也

許之遂作亂秋七月殺

曰以為亂

子西子期于朝而刼惠王子西以

袂掩面而死勲於棄公子期曰昔者吾

以力事君不可以弗終抉豫章以

殺人而後死以救其多力豫章大木石乞曰

焚庫弑王不然不濟白公曰不可

弑王不祥焚庫無聚將何以守矣

焚庫弑王不然不濟白公曰不可
弑王不祥焚庫無聚將何以守矣
乞曰有楚國而治其民以敬事神
可以得祥且有聚矣何患弗從葉
公在蔡蔡遷州來楚并其地方城之外皆曰
可以入矣子高曰吾聞之以險徼

可以入矣子高曰吾聞之以險徼幸者其求無饜偏重必離險猶惡也所求無饜則不安譬如物偏重則離敗欲須其斃而討之聞其殺齊管脩也而後入管脩楚賢大夫故齊管仲之後聞其殺賢知其可討也白公欲以子閭為王子閭平王子啓五辭王者也子閭不可遂劫以兵

肆王者也　子閭不可遂劫以兵
子閭曰王孫若安靖楚國匡正王
室而後庇焉啓之願也敢不聽從
若將專利以傾王室不顧楚國有
死不能　不能從　遂殺之而以王如高
府　高府楚別府也　石乞尹門　尹門為門　圉公陽

府別府也石乞為門尹圉公陽
穴宮負王以如昭夫人之宮楚大
夫也昭夫人
王母越女也
葉公亦至及北門或
遇之曰君胡不冑國人望君如望
慈父母焉盜賊之矢若傷君是絕
民望也若之何不冑乃冑而進又
遇一人曰君胡冑國人望君如

民望也若之何不冑乃冑而進又

遇一人曰君胡不冑國人望君如望

歲焉歲年穀也日日以幾冀君来若見君

面是得艾艾安民知不死其亦夫有

奮心猶將旌君以徇於國旌表也而

又掩面以絕民望不亦甚乎乃免

文猶面以絶民望不亦甚乎乃免
胄而進言葉公得民心遇箴尹固帥其屬
將與白公欲與白公并也子高曰微二子
者楚不國矣二子〻西子期也柏舉之敗二子功多
弃德從賊其可保乎乃從葉公使
與國人以攻白公〻〻奔山而縊

與國人以攻白公白公奔山而縊
其徒微之微匿生拘石乞而問白
公之死焉對曰余知其死所而長
者使余勿言長者謂白公也曰不言將烹
乞曰此事克則為卿不克則烹固
其所也何害乃烹石乞王孫燕奔
頯黃氏燕勝弟也

其所也何害乃烹石乞王孫燕奔頯黃氏燕勝弟也頯黃吳地沈諸梁兼二事二事令尹司馬國寧寧安乃使寧為令尹子西之子〻國也使寬為司馬子期之子也而老於葉傳終言之衛侯占夢嬖人以能占夢見愛也求酒於大叔僖子僖子大叔遺也不

叔遺也

得與卜人比而告公曰君有大臣

在西南隅弗去懼害託卜夢而言也乃逐

大叔遺〻奔晉衛侯謂渾良夫曰

吾繼先君而不得其器若之何國之

寶器輒皆將去良夫代執火者而言將密謀屏

佗

皆將亡 [illegible] 謀屛
左右曰疾与亡君皆君之子也召之
而擇材焉可也召輒也若不材器可
得也輒若不材可廢其身曰得其器也豎告大子
大子疾也大子使五人輿豭從己劫公
而強盟之盟求必立已也且請殺良夫公
[illegible] 盟在十 [illegible]

所盟之立已也上請[illegible]

曰其盟免三死盟在十五年曰請三之

後有罪殺之公曰諾哉

傳十七年春衞侯為虎幄於藉圃於

田之圃新造幄幕成求令名者而藉

皆以虎獸為飾也絶句以良

與之始食焉大子請使良夫夫應

為令[illegible]衷甸一

與之始食焉大子請使良夫　夫應一對之一

乘衷甸時證反說文作佃云中又春秋乘中佃一轅車也

為令名也　良夫乘衷甸兩牡　衷甸一轅卿車　紫衣狐裘　紫衣君服　至袒裘不釋劍而食　食而熱故偏袒亦不敬也　大子使牽以退數之以三罪而殺之　三罪紫衣袒裘帶劍　三月越子伐吳吳子禦之笠澤夾水而陳越

句卒鉤五相

子伐吳子禦之笠澤夾水而陳越
子為左右句卒句卒鉤伍相著使別為左右屯也
夜或左或右鼓譟而進吳師分以
禦之越子以三軍潛涉當吳中軍
而鼓之吳師大乱遂敗之左右句卒為聲
勢以分吳軍而三軍精卒并力擊其中軍故得勝也晉趙鞅

并力擊其中軍故得勝也晉趙鞅
使告于衛曰君之在晉也志父為
主請君若大子來以免志父不然
寡君其曰志父之為也恐晉君謂志父教使
不來衛侯辭以難大子又使椓之椓訴
父欲速得其處夏六月趙鞅圍衛齊國觀
[illegible]

得其處

陳瓘救衛國觀國書之子也得晋人之致師

者子玉使服而見之釋因服其本服也曰

國子實執齊柄而命瓘曰無辟晋

師豈敢廢命欲必敵晋也子又何辱言不

須來致師向將往戰簡子曰我卜伐衛未卜

與齊戰乃還畏子

自將往戰簡子曰我卜伐衛未卜
與齊戰乃還 畏子玉也
楚白公之亂陳
人恃其聚而侵楚 聚積聚也
取陳麥楚子問帥於大師子穀與
葉公諸梁子穀曰右領差車與左
史老皆相令尹司馬以伐陳其可
使也 言此二人皆嘗輔相子

史老皆相令尹司馬以伐陳其可
使也　言此二人皆嘗輔相子高
西子期伐陳今役可使
曰率賤民慢之懼不用命焉右領
左史
皆楚賤官　子穀曰觀丁父鄀俘也武王
以為軍率　楚武王也　是以克州蓼服隨
唐大啓群蠻彭仲爽申俘也文王
楚文王滅申

唐大啓群蠻彭仲爽申俘也文王以為令尹實縣申息楚文王滅申息以為縣也朝陳蔡封畛於汝開封畛北至汝水也唯其任也何賤之有子高曰天命不謟謟疑也令尹有憾於陳十五年子西伐吳陳使負子弔吳以此為恨也天若亡之其必令尹之子是與

此為恨也

子是與君盍舍焉舍右領與左史臣懼右領與左史有二俘之賤而無其令德也王卜之武城尹吉武城尹子西子公孫朝也使帥師取陳麥陳人御之敗遂圍陳秋七月己卯楚公孫朝帥師

終鄭裨竈言五

圍陳秋七月己夘楚公孫朝帥[illegible]
滅陳（終鄭裨竈言五十二年　及鶉火陳卒亡）王與葉公枚
卜子良以為令尹（枚卜不斥言所　卜以令龜子良）
（惠王　弟）沈尹朱曰吉過於其志（志望　也）
葉公曰王子而相國過將何為（過　相）
（將為　王也）他日改卜子國而使為令尹
子國[illegible]

王也 [illegible]

子國

衛侯夢于北宮見人登昆吾之觀

衛有觀在古昆吾氏之虛今濮陽城中也

被髮北面而譟曰登此昆吾之虛緜緜生之瓜

緜緜瓜初生也良夫言已有以小成大之功若瓜之生謂使衛侯得國也

余為渾良夫叫天無辜

盟首 [illegible]

得國也　衛君渾良夫[illegible]于[illegible]辜盟
當冕三死而并數一時之事以親
為三罪殺之故自謂無辜
筮之胥彌赦占之赦衛筮史曰不害與
之邑寘之而逃奔宋言衛侯無道卜人不敢以
實對懼難而逃也衛侯貞卜正卜夢之吉凶其繇
曰如魚竀尾竀赤也魚勞則尾赤衡流而方
横流方羊不能自安騎

昔劉炫以羊為下絲之韻以文句相韻以裔焉二字宜向下讀之知不然者詩之為體文皆韻句其語助之辭皆在韻句之下裔焉二字為助句之辭

…勞則尾赤…流…

羊裔焉二字助句之辭也横流方羊不能自安裔水邊也言衛侯將若此魚也

大國滅之將亡闔門塞竇乃自後

踰此皆繇辭冬十月晉復伐衛春伐未得志故

入其郛將入城簡子曰止叔向有

言曰怙亂滅國者無後不欲乘衛人之衰

入…

言曰怙亂滅國者無後人之衰傳

人出莊公而與晉平晉立襄公之

孫般師而還十一月衛侯自鄄入

般師出辟蒯聵也初公登城以望見戎

州戎州戎邑問之以告公曰我姬姓也

何戎之有焉言姬姓國何故有戎邑也翦之削燦

其邑

何戎之有焉故有戎邑也翦之壞其邑聚也公使匠久久不休息公欲逐石圃石圃衛卿石惡從子未及而難作辛巳石圃因匠氏攻公公閉門而請弗許踰于北方而隊折股終如卜言乃自後踰戎州人攻之大子疾公子青踰從公青疾

人攻之大子疾公子青踰從公　疾

弟也

戎州人殺之公入于戎州己氏　己氏戎人姓也

初公自城上見己氏之妻

髮美使髡之以為呂姜髢　呂姜莊公夫人髢髲也

既入焉而示之璧曰活我吾

與女璧己氏曰殺女璧其焉往遂

殺之而取其璧衛人復公孫般師

與女璧己氏曰殺女璧其焉往遂 於虔反

殺之而取其璧衛人復公孫般師

而立之冬十二月齊人伐衛〻人

請平立公子起 起靈公子也 執般師以

歸舍諸潞 潞齊邑也 公會齊侯盟于蒙

齊侯簡公弟平公敖也 蒙在 敖本 如本亦作驁五報反又五刀反

東莞蒙陰縣西故蒙陰城也 孟武

東莞蒙陰縣西故蒙陰城也
伯相齊侯稽首公拜齊人怒武伯
曰非天子寡君無所稽首武伯問
於高柴曰諸侯盟誰執牛耳執牛耳尸
盟者也季羔曰鄫衍之役吳公子姑
曹季羔高柴也鄫衍在七年發陽之役衛石魋
發陽鄖也在十二年

曹鄫衍在七年發陽之役衛石魋
發陽鄖也在十二年武伯曰然則
石魋石曼姑之子也
彘也彘武伯名也鄫衍則大國執
發陽則小國執據時執者無
常故武伯自以為可執也宋皇瑗之子麇瑗宋右師
也有友曰田丙而奪其兄酁般邑
以與之酁般慍而行告桓司馬之
克在下邑不與

以與之酁般慍而行告桓司馬之

臣子儀克克在下邑不與魋之亂故在也子儀克

適宋告夫人曰麇將納桓氏公問

諸子仲子仲皇野初子仲將以杞姒之

子非我爲子爲適子杞姒子仲妻也麇曰必

立伯也伯非我兄也是良材子仲怒弗

立伯也 兄也 是良材子仲怒弗從故對曰右師則老矣不識麇也 言右師老不能為乱麇則不可知也 公執之 執麇也 皇瑗奔晉召之 召令還也

傳十八年春宋殺皇瑗公聞其情復皇氏之族使皇緩為右師 言宋景公無常

皇氏之族使皇緩為右師以無常也緩瑗從子巴人伐楚圍鄾鄾楚邑也初右司馬子國之卜也觀瞻曰如志子國未為令尹時卜為右司馬得吉兆如其志觀瞻楚開卜大夫觀從之後也故命之命以為右司馬及巴師至將卜帥王曰寧如志何卜焉寧子國也使帥

帥王曰寧如志何卜焉國也使帥師而行請承承佐也王曰寢尹工尹勤先君者也柏舉之役寢尹吳由于以背受戈工尹固執燧象奔吳師皆為先君勤勞也三月楚公孫寧吳由于薳固敗巴師于鄾故封子國於析君子曰惠王知志知用其意也

國於析君子曰惠王知志　意也

蔽必世反斷也注同
昆命于元龜本或依尚書

夏書曰官占唯能蔽志昆命于元

尚書作克〻亦能也

龜　逸書也官占卜筮之官也官也　蔽斷也昆後也言當先斷意後　用龜也

其是之謂乎志曰聖人不煩

卜筮惠王其有焉　不疑故　不卜也

夏衛石

圃逐其君起〻奔齊　齊所　立故

衛侯輒

圃逐其君起〻奔齊　立故衛侯輒
自齊復歸逐石圃而復石魋與大
叔遺　皆蒯聵所逐也
傳十九年春越人侵楚以誤吴也　誤吴
使不為備　夏楚公子慶公孫寛追越師
至冥不及乃還　冥越地也　秋楚沈諸梁

至冥不及乃還冥越地也秋楚沈諸梁

伐東夷報越也三夷男女及楚師盟

于敖從越之夷三種敖東夷地也冬叔青如京

師敬王崩故也言敬王能終其世終葬弘言東王也

大克叔青

叔還子

傳二十年春齊人來徵會夏會于廩

十五年

傳二十年春齊人來徵會夏會于廩（力甚反）
丘為鄭故（千偽反下降）謀伐晉（十五年晉伐鄭）鄭人辭
諸侯秋師還（終叔向言晉公室卑）吳公子慶
忌驟諫吳子曰不改必亡弗聽（吳子弗聽）
出居于艾（艾吳邑豫章有艾縣）（五盍反）遂適楚聞
越將伐吳冬請歸平越遂歸欲除
不忠者以說于越吳人殺之言其

越將伐吳冬請歸平越遂歸欲除
不忠者以說于越吳人殺之言其不量力也
十一月越圍吳趙孟降於喪食
趙孟襄子無恤時有父簡子之喪楚隆曰三年之
喪親暱之極也主又降之無乃有
故乎楚隆襄子家臣趙孟曰黃池之役先

故乎　子家臣　趙孟曰黃池之役先
主與吳王有質　黃池在十三年先主簡子質盟信也
曰好惡同之今越圍吳嗣子不廢
舊業而敵之　嗣子襄子自謂也欲敵越救吳也　非
晉之所能及也吾是以為降楚隆
曰若使吳王知之若何趙孟曰可
乎隆曰請嘗之　嘗試

曰若使吳王知之若何趙孟曰可
乎隆曰請嘗之嘗試也乃往先造于
越軍曰吳犯間上國多矣聞君親
討焉諸夏之人莫不欣喜唯恐君
志之不從請入視之許之告于吳
王曰寡君之老無恤使陪臣隆敢

王曰寡君之老無恤使陪臣隆敢

展謝其不共展陳也黄池之役君之

先臣志父得承齊盟曰好惡同之

今君在難無恤不敢憚勞非晉國

之所能及也使陪臣敢展布之王

拜稽首曰寡人不佞不能事越以

拜稽首曰寡人不佞不能事越以
為大夫憂拜命之辱與之一簞珠
簞小笥也使問趙孟問遺也曰句踐將生
憂寡人寡人死之不得矣王曰溺
人必笑吾將有問也以自喻所問不善猶溺人
不知所為而反笑也史黯何以得為君子晉史
黯以下及曰上半是一

而反笑也[illegible]史
黯云不及四十年吳當亡吳王感問此也對曰黯也進
不見惡時行則行退無謗言時止則止王曰
宜哉
傳二十一年夏五月越人始來越既勝吳
欲霸中國始遣使適魯也秋八月公及齊侯邾
子盟于顧齊人責責十七年

遣使適魯也

子盟于顧齊人責稽首責十七年齊侯為公

稽首不見荅也顧齊地也因歌之曰魯人之皐

數年不覺使我高蹈皐緩也高蹈猶遠行也言

魯人皐緩數年不如荅齊稽首故使我高蹈来為此會也唯其

儒書以為二國憂二國齊邾也言魯據周礼不肯

荅稽首令

[illegible]魯獲周礼不肯荅稽首令齊邾遠至是行也公先至于陽穀先期至也齊閭丘息曰君辱舉玉趾以在寡君之軍息閭丘明之後群臣將傳遽以告寡君比其復也君無乃勤為僕人之未次次舍也請除館於舟道

舟道[illegible]不敢勤齊僕

傳人之稱也 言陪食方于道

舟道齊地 辭曰敢勤僕人 不敢勤齊僕為魯除館

傳二十二年夏四月邾隱公自齊奔越曰吳為無道執父立子越人歸之大子革奔越 邾隱公八年為吳所囚十年奔齊

冬十一月丁卯越滅吳請使吳王 甬東越地會稽句

句 九具反 如淳音拘 韋昭亦音拘

冬十一月丁卯越滅吳請使吳王居甬東甬東越地會稽句章縣東海中洲也辭曰孤老矣焉能事君乃縊越人以歸以其尸歸終史墨子胥之言也

傳二十三年春宋景曹卒景曹宋元公夫人小邾女季桓子外祖母也季康子使冉有弔且

外祖母也　季康子使冉有弔且

送葬曰敝邑有社稷之事使肥與

有職競焉肥康子名也競遽也是以不得助

執紼使求從輿人求冉有名輿衆也曰以

肥之得備彌甥也彌遠也康子父之舅氏故稱彌甥

有不腆先人之産馬使求薦諸

薦進[illegible]

有不腆先人之産馬使求薦諸
夫人之宰也　薦進　其可以稱旌繁乎
稱舉也繁馬飾繁纓也　夏六月晉
終樂祁之言政在季氏
荀瑤伐齊　荀瑤荀躒之
孫知伯襄子　高無丕帥
師御之知伯視齊師馬駭遂驅之
曰齊人知余旗其謂余畏而反也
□壘□還□戰□□請武子

曰齊人知余旗其謂余畏而反也
及壘而還將戰長武子請卜武子晉大
夫知伯曰君告于天子而卜之以
守龜於宗祧吉矣吾又何卜焉且
齊人取我英丘君命瑤非敢燿武
也治英丘也治齊取英丘也以辭伐罪足

也治英丘也英丘[illegible]

矣何必卜壬辰戰于犂丘犂丘隰也齊

師敗績知伯親禽顏庚顏庚齊大夫顏涿聚

秋八月叔青如越始使越也越諸

鞅來聘報叔青也

傳二十四年夏四月晉侯將伐齊使

來乞師曰昔臧文仲以楚師伐齊

傳二十四年夏四月晉侯將伐齊使
来乞師曰昔臧文仲以楚師伐齊
取穀在僖二十六年宣叔以晉師伐齊取
汶陽在成二年寡君欲徼福於周公願
乞靈於臧氏以臧氏世勝齊故欲乞其威靈臧石
帥師會之取廩丘石臧賓如之子軍吏令
晉軍吏也

帥師會之取廩丘如之子軍吏令
繕將進晉軍吏也繕治戰備萊章曰君卑政
暴萊章齊大夫往歲克敵禽顏庚也今又勝
都取廩丘也天奉多矣又焉能進是躛
言也躛過也役將班矣晉師乃還餼
臧石牛生曰餼大史謝之晉大史曰以
在軍……不如

一說

戶快反 謂過謬之言 服云偽不信言也字林乍
衛云夢寐躛言也 立乎例反
許貴反

…之…言…史…

寡君之在行行在軍牢禮不度不如礼度

敢展謝之終臧氏有後於魯也郲子又無道

越人執之以歸終子贛之言也而立公子

何〻亦無道何大子革弟也公子荊之母

嬖荊哀公庶子將以為夫人使宗人釁夏許靳反

宗人礼…

属庶子將以為夫人使宗人釁 少許反 許靳反

夏獻其礼 宗人礼官也 對曰無之公怒 戶雅反

曰女為宗司立夫人國之大礼也 立汝

何故無之對曰周公及武公娶於

薛 武公敖也 孝惠娶於商 孝公稱惠公弗皇商宋也 定公名宋是泉公之父故避興名為諱而稱商也

自桓以下娶於齊 桓公始娶文姜 此礼也

自桓以下娶於齊娶文姜此禮也
則有若以妾為夫人則固無其礼
也公卒立之而以荊為大子國人
始惡之閏月公如越得大子適
郢 適郢越王大子 也得相親說也 將妻公而多與
之地公孫有山使告于季孫〻〻

適郢 越王句踐大子名

以井反　為路反下同

七計反

之地公孫有山使告于季孫
懼使囙大宰嚭而納賂焉乃止嚭故
吳臣也季孫恐公
因越討己故懼也
傳二十五年夏五月庚辰衛侯出奔
宋衛侯輒也
衛侯爲靈臺于藉圃與諸
大夫飲酒焉褚師聲子韤而登席
古者見

大夫飲酒焉褚師聲子韤而登席
古者見君解韤公怒辭曰臣有疾異於人
足有創疾若見之君將㱿之㱿嘔吐也是以
不敢不敢解韤公愈怒大夫辭之不可
共辭謝公公不可解褚師出公戟其手抵徒手屈
肘如戟形曰必斷而足聞之褚師與司

戟形□□者□之□□□□□□

寇亥乘曰今日幸而後亡恐死以得亡為

幸也公之入也奪南氏邑南氏子南之子公孫

彌牟而奪司寇亥政公使侍人納公

文懿子之車于池懿子公文要也公有所忿使人

投其車于池水中初衞人翦夏丁氏在十一年也

以其帑賜□封彌□數封彌子□

池水中　衛人翦夏丁氏一年也
以其帑賜彭封彌子彭封彌子彌子瑕也彌
子飲公酒納夏戊之女嬖以為夫
人其弟期大叔疾之從孫甥也期夏
戊之子也姊妹之孫為從孫甥與孫同列也少畜於公宮
以為司徒夫人寵衰期得罪公使
優文匪

以為司徒夫人寵衰期得罪公使
三匠久公使優狡盟拳彌優狡俳優也拳
彌衛大夫也使俳而甚近信之故
優盟之欲恥辱也
褚師比韈登席者也公孫彌牟喪邑者也公
文要共車者也司寇亥奪政者也司徒期因
三匠與拳彌以作亂皆執利兵無

三匠與拳彌以作亂皆執利兵無
者執斤斤工匠所執使拳彌入干公宮拳彌公所
信近之
故得入而自大子疾之宮譟以攻
公鄄子士請禦之鄄子士衛大夫彌援其
手曰子則勇矣將若君何言不可
救也
不見先君乎君何所不逞欲先君
蒯聵
也亂不速奔故為戎

不見先君乎君何所不逞欲蒯聵也乱不速奔故為戎州所殺欲令早去也且君嘗在外矣豈必不反當今不可衆怒難犯休而易間也乃出將適蒲蒲近晉邑彌曰晉無信不可將適鄄鄄齊晉界上邑彌詐不知謀故公信之彌曰齊晉爭我不可將適泠近魯[illegible]彌曰魯不足與請適

公信之

適泠泠近魯邑也彌曰魯不足與請適

城鉏城鉏近宋邑也以鉤越越有君宋南近越

轉相鉤牽乃適城鉏彌曰衛盜不可知

也請速自我始乃載寶以歸取衛君言

君以寶自隨將致衛盜請速折己為先發而回載寶歸衛也公

爲支離之卒支離因祝史揮以侵

己爲先發而曰載寶歸衛也　公
爲支離之卒支離陳名因祝史揮以侵
衛揮衛祝史衛人病之懿子知之知揮爲內
間也見子之子之公孫彌牟文子也請逐揮文
子曰無罪懿子曰彼好專利而妄
妄不法也夫見君之入也將先道焉若見
君有入勢

法也……

君有入勢必道助之若逐之必出於南門而適君所雖知其為君間不審察私共辭之夫越新得諸侯將必請師焉揮在朝使吏遣諸其室難面逐之先逐其家揮出信弗內毋宿為信五日乃館諸外里外里公所在也遂

有寵使如越請師……

為信五日乃館諸外里 所在也 遂
有寵使如越請師 請師伐衛求入 六月公
至自越 前年行今還也 季康子孟武伯逆
於五梧 魯南鄙也 郭重僕 直龍反又直用反 為公僕也 見二子
曰惡言多矣君請盡之 二子不臣之言甚多
欲使公盡 公宴於五梧武伯為祝
擬以觀之 之六反又之又反

壽

祝上壽酒惡郭重曰何肥也訾賤其貌季孫

曰請飲彘也飲罰之以魯國之密邇

仇讎臣是以不獲從君克免於大

行又謂重也肥言重隨君遠行劬勞不宜稱肥公

曰是食言多矣能無肥乎以激三桓之數

……桓之數

食言飮湎不樂公與大夫始有惡為二

十七年公孫邾起

傳

二十六年夏五月叔孫舒師師會

越皐如后庸宋樂茷納衛侯舒武叔之

子文子也皐如后庸越大夫文子

樂茷宋司城子潞衛侯輒也

樂茷宋司城子潞律使車也
欲納之懿子曰君愎而虐少待之
必毒於民愎很也乃睦於子矣民睦師
侵外州大獲越納輒之師也出禦之大敗衛師敗
掘褚師定子之墓焚之于平
莊之上定子褚師比之父也平莊陵名也文子使
墍所大夫王系

[illegible]之[illegible]也平莊陵名也[illegible]

王孫齊私於皐如 齊衛大夫王孫賈之子昭子也

曰子將大滅衛乎抑納君而已乎

皐如曰寡君之命無他納衛君而

已文子致衆而問焉曰君以蠻夷

伐國〻幾亡矣請納之衆曰勿納

伐國國幾（六祈反又六機）亡矣請納之衆曰勿納

曰彌牟亡而有益請自北門出（欲以觀衆心）

衆曰勿出重賂（直龍反下同）越人申開守（手又反）陴（田北文反）而納公（申重也開重門而嚴設守備欲以恐（丘勇反）公使不敢入也）

使　故一本作

公不敢入師還立悼公（悼公蒯聵庶弟公子黚（起廉反）也）

南氏相（息亮反）之以城鉏與越人公

黚也（起廉反）[illegible]（息亮反）[illegible]

曰期則為此 司徒期也 令苟有怨於夫

人者報之 夫人期姊也怒期而不得加戮故教宮女令告

困期姊 司徒期聘於越 為悼公聘（干偽反） 公攻而

奪之幣期告王 越王也 王命取之期

以眾取之公怒殺期之甥之為大

[illegible]

以衆取之公怒殺期之甥之為大

子者怒期而及其姊為夫人者遂殺夫人之子遂卒

于越終言之也終敘夷言死于夷宋景公無子

取公孫周之子得與啓畜諸公宮

周元公孫子高也得昭公也啓得弟畜養也未有立焉

於是皇緩為右師皇非我為大司

於是皇緩為右師皇非我為大
馬皇懷為司徒皇懷非我從昆弟靈不緩
為左師不緩子靈圍龜之後樂茷為司城樂茷
溷之子樂朱鉏為大司寇朱鉏樂輓之子六
卿三族降聽政三族皇靈樂也降和同也曰大
尹以達大尹近官有寵者六卿因之以自通達於君大

[illegible]因之以自通達於君

尹常不告而以其欲稱君命以令不告君也國人惡之烏路反下注同司城欲去大尹左

師曰縱之使盈其罪盈滿也重而無

基能無敝乎言勢重而無德以爲基必敗也冬十

月公游于空澤空澤宋邑辛巳卒于連

如一丈方簟

宋邑

中連中館名大尹興空澤之士千甲甲士如ヿ興廢也或本興作

千人也奉公自空桐入如沃宮奉公尸也梁國

虞縣東南有地名空使召六子曰

桐沃宮宋都内宮名

聞下有師君請六子畫畫計六子

至以甲劫之曰君有疾病請二三

至以明去之曰君不肯言二三
子盟乃盟于少寢之庭曰無為公
室不利大尹立啓奉喪殯于大宮
三日而後國人知之司城茷使宣
言于國曰大尹惑蠱其君而專其
利令君無疾而死〻又匿之是無

他矣大尹之罪也言大尹所弑得夢啓

北首而寢於盧門之外盧門宋東門北首死象在門外失國也己為烏而集於其上咮

加於南門尾加於桐門曰余夢美

必立桐門北門大尹謀曰我不在盟少寢

[illegible]出北門[illegible]服

（盟但以君命盟　六卿大尹不盟）無乃逐我復盟之

乎使祝為載書六子在唐盂（地名）將

盟之祝襄以載書告皇非我（襄祝名）

皇非我因子潞（子潞樂茷）門尹得（樂得）左

師謀曰民與我逐之乎皆歸授甲。

使徇于國曰大尹惑蠱其君以陵

節設曰民與我逐之乎皆歸授甲

使徇于國曰大尹惑蠱其君以陵

虐公室與我者救君者也衆曰與

之大尹徇曰戴氏皇氏將不利公

室戴氏樂氏即與我者無憂不富衆曰

無別惡其號令與君無別戴氏皇氏欲伐公

與君無別

啓

公謂樂得曰不可彼以陵公有罪

我伐公則甚焉使國人施于大尹

施罪於大尹

大尹奉啓以奔楚乃立得

司城為上卿盟曰三族共政無相

害也衛出公自城鉏使以弓問子

贛且曰吾其入乎子贛稽首受弓

孫音遜本亦作遜下及注除一莊子皆同

宮也衛出公自城鉏使以弓問子
贛且曰吾其入乎子贛稽首受弓
對曰臣不識也私於使者曰昔成
公孫於陳僖二十八年衛成公奔楚遂適陳甯武
子孫莊子為死濮之盟而君入盟在
僖二十八年獻公孫於齊在襄十四年子鮮
在襄二

八年　鬭之孫方虎四年　子鮮
子展為夷儀之盟而君入　在襄二十六年
今君再在孫矣　謂十五年孫　魯今文孫家
內不閒獻之親外不閒成之卿則賜不
識所由入也詩曰無競惟人四方
其順之　詩周頌言無強惟得人也　若得其人四

家本

其賊之強惟得人也若得其人四

方以爲主而國於何有

傳二十七年春越子使后庸來聘且

言邾田封于駘上欲使魯還邾田封竟至駘上

他本又作臺也

二月盟于平陽西平陽三子皆從康

如一注武子用本非也

子叔孫文子孟武康子病之耻從蠻夷

伯皆從后庸盟

盟言及子贛思子

古說

伯皆從后庸盟［…］蠻夷

盟言及子贛思子贛曰若在此吾不

及此夫不及與越盟武伯曰然何不召

曰固將召之文子曰他日請念言季

孫不能用子贛臨難而思之夏四月己亥季康

子卒公弔焉降礼礼不備也言公之多妄晉

荀瑤帥師伐鄭次于桐丘鄭駟弘

于卒公平[illegible]陽私公之多妄 [illegible]

荀瑤帥師伐鄭次于桐丘鄭駟弘

請救于齊弘駟齊師將興陳成子

屬孤子三日朝屬會死事者之子使朝三日以禮之

設乘車兩馬繫五邑焉乘車兩馬大夫服又加之五邑

召顏涿聚之子晉曰隰之役

而父死焉隰役在二[illegible]以國之多難

五邑

而又死焉 隰役在二十三年 以國之多難

未女恤也今君命女以是邑也服

車而朝毋廢前勞乃救鄭及留舒

違穀七里穀人不知 言其整也留舒齊地違去

也 及濮雨不涉 濮水自陳留酸棗縣傍河東北經濟

陰至高 子思曰大國在敝邑之宇

徑

及濮雨不涉縣傍河東北經濟陰至高平入濟子思曰大國在敝邑之宇下是以告急今師不行恐無及也子思國參成子衣製杖戈製雨衣也立於阪上馬不出者助之鞭之知伯聞之乃還畏其得衆心曰我卜伐鄭不卜敵齊使謂成子曰大夫陳子陳之自

乃還衆心曰我卜伐鄭不卜商
齊使謂成子曰大夫陳子陳之自
出陳之不祀鄭之罪也十七年楚
獨滅陳非
鄭之罪蓋知伯誣陳子
故陳子怒謂其多陵人
故寡君使
瑤察陳衷焉衷善也
謂大夫其恤陳
乎若利本之顛瑤何有焉言陳滅
於已無
傷成子怒曰多陵人者皆不在知

[illegible]於已無

傳成子怒曰多陵人者皆不在知
伯其能久乎中行文子告成子
荀寅此時奔在齊
曰有自晉師告寅者將
為輕車千乘以厭齊師之門則可
盡也成子曰寡君命恒曰無及寡

[illegible]

盡也成子曰寡君命恒曰無及寡
無畏衆雖過千乘敢辟之乎將以
子之命吉寡君成子疑其有為晉之心也文子
曰吾乃今知所以亡自恨已無知君子
之謀也始衷終皆舉之而後入焉
謀一事則當慮此三變然後今我
入而行之所謂君子三思
悔其言

入而行之所謂君子三思 息暫反又如字 今我

三不知而入之不亦難乎 悔其言不可復

公患三桓之侈也 昌氏反又尺氏反 欲以諸侯去之

欲求諸侯師以逐三桓 三桓亦患公之妄也

故君臣多間 間隙也 公游于陵阪遇

孟武伯於孟氏之衢曰請有問於

子余及死乎 問已可得以壽死 對曰臣無

孟武伯於孟氏之衢曰請有問於
子余及死乎問已可得以壽死不對曰臣無
由知之三問卒辭不對公欲以越
伐魯而去三桓秋八月甲戌公如
公孫有陘氏有陘氏即有山氏因孫于邾
乃遂如越國人施公孫有山氏以公
逆其家出致之及子

乃遂如越國人施公孫有山氏　公
從其家出故也終子贛之言君不沒於魯
悼之四年晉荀瑤帥師圍鄭
悼公哀公之子寧也哀公。孫魯人立悼公
未至鄭駟弘曰知伯愎而好勝
早下之則可行也
行去也
乃先保南里以待之
保守也南里在城外
知伯入南里
門于桔柣之門鄭人俘酅

里之衖二里在城外矣作入南里
門于桔柣之門鄭人俘酅魁壘酅魁
壘晉士賂之以知政欲使反為鄭閉其口
而死將門攻鄭門知伯謂趙孟入之
對曰主在此主謂知伯也言主在此何不自入知
伯曰惡而無勇何以為子惡貌醜也簡子
廢嫡子伯魯而立襄子故知伯才

也簡子
廢嫡子伯魯而立襄子故知伯
言其醜且無勇何故立以爲子對
曰以能忍恥庶無害趙宗乎知伯
不悛趙襄子由是惎知伯惎毒也遂
喪之知伯貪而愎故韓魏反而喪
之史記晉懿公之四年魯悼公之
十四年知伯帥韓魏圍趙襄子
於晉陽韓魏反與趙氏謀殺知伯

十四年知伯帥韓魏圍趙襄子
於晉陽韓魏反與趙氏謀殺知伯
於晉陽之下在春秋後二十七年

春秋卷第卅

春秋經傳集解卷下第三十（摺本作）（摺本无）

本七千九百四十字
注四千九百六十字

大凡卅五萬二千四百七十六字

本十九万四千五百八字
注十五万七千九百六十八字

後序（摺本如此古本一字引下書後序二字）

（晉武帝年）
大康元年三月吳寇始平余自江

後序

晉武帝年号也

大康元年三月吳寇始平余自江
陵還襄陽解甲休兵乃申抒舊意
脩成春秋釋例及經傳集解始訖
會汲郡汲郡汲縣有發其界內舊
冢者大得古書皆簡編科斗文字
發冢者不以為意往往散亂科斗

冢者大得古書皆簡編科斗文字
發冢者不以為意往〻散乱科斗
書久廢推尋不能盡通始者藏在
秘府余晩得見之所記大凡七十
五巻多雜碎怪妄不可訓知周易
及紀年最為分了周易上下篇與
今正同別有陰陽説而無彖象文

及紀年最為分了周易上下篇與
今正同別有陰陽說而無彖象文
言繫辭疑于時仲尼造之於魯尚
未播之於遠國也其紀年篇起自
夏殷周皆三代王事無諸國別也
唯特記晉國起自殤叔次文侯昭
侯以至曲沃莊伯莊伯之十一年

唯特記晉國起自殤叔次文侯昭
侯以至曲沃莊伯〻〻之十一年
十一月魯隱公之元年正月也皆
用夏正建寅之月為歳首編年相
次晉國滅獨記魏事下至魏哀王
之二十年蓋魏國之史記也推校
哀王二十年太歲在壬戌是周赧

之二十年蓋魏國之史記也推校
哀王二十年太歲在壬戌是周赧
王之十六年秦昭王之八年韓襄
王之十三年趙武靈王之二十七
年楚懷王之三十年燕昭王之十
三年齊湣王之二十五年也上去

三年厲湞王之二十五年也上去
孔丘卒百八十一歲下去今大康
三年五百八十一歲哀王於史記
襄王之子惠王之孫也惠王三十
六年卒而襄王立立十六年卒而
哀王立古書紀年篇惠王三十
六。年

襄王立古書紀年篇惠王三十六。
改元從一年始至十六年而稱惠
成王卒即惠王也疑史記誤分惠
成之世以為後王年也哀王二十
三年乃卒故特不稱謚謂之今王
其著書文意大似春秋經推此足

其著書文意大似春秋經推此足
見古者國史策書之常也文稱魯
隱公及邾莊公盟于姑蔑即春秋
所書邾儀父未王命故不書爵曰
儀父貴之也文稱晉獻公會虞師
伐虢滅下陽即春秋所書虞師晉
師滅下陽先書虞賄故也又稱

伐虢滅下陽即春秋所書虞師晉
師滅下陽先書虞賄故也又稱周
襄王會諸侯于河陽即春秋所書
天王狩于河陽以臣召君不可以
訓也諸若此輩甚多略舉數條以
明國史皆承告據實而書時事仲
尼脩春秋以義而制異文之義

明國史皆承告據實而書時事仲
尼脩春秋以義而制異文也又稱
衛懿公及赤翟戰于洞澤疑洞當
爲洞即左傳所謂熒澤也齊國佗
來獻玉磬紀公之甗即左傳所謂
賓媚人也諸所記多與左傳符同
異於公羊穀梁知此二書近世穿

虞女人也諸所記多與左傳符同
異於公羊穀梁知此二書近世穿
鑿非春秋本意審矣雖不皆與史
記尚書同然參而求之可以端正
學者又別有一卷純集疏左氏傳
卜筮事上下次第及其文義皆與
左傳同名曰師春師春似是抄集

卜筮事上下次第及其文義皆與
左傳同名曰師春師春似是抄集
者人名也紀年又稱殷仲壬即位
居亳其卿士伊尹仲壬崩伊尹乃
放大甲于桐乃自立也伊尹即位
於大甲七年大甲潛出自桐殺伊

於大甲七年大甲潛出自桐殺伊
尹乃立其子伊陟伊奮命復其父
之田宅而中分之左氏傳伊尹放
大甲而相之卒無怨色然則大甲
雖見放還殺伊尹而猶以其子為
相也此為大與尚書叙說大甲事
乖異不知老叟之伏生或致昏忘

妄

乖異不知老叟之伏生或致昏忘

將此古書亦當時雜記未足以取

審也為其粗有益於左氏故略記

之附集解之末焉

春秋左氏傳後序終

或摺本ナ

春秋左氏傳後序終

本奧云

文永二年十二月十一日以清参州之

本之寫點校了

本奧云

文永元年三月七日書寫了

散位清原俊隆

前住清原俊隆

同十一日以摺本付釋文了
文永元年九月十八日以家本校
點了賜家君本之本傳在舍
兄大儒之家今爲備子孫之祕
本詰六十六廻之老眼所加功也
在天之文星支人垂光師豈亡哀
怫乎
前參河守清原在判

文永四年十月十一日右筆終之
同五年七月十四日之間一部
三十巻書寫校點畢

文永五年十月十九日以外記
大夫本了校畢

本奥云　新本奥書云
保延六年十二月七日亥刻向殘燈合摺
本了于時三漏頻移九枝纔挑了但
去年正月廿七日以内匠允重冨本受
[illegible]　于時年

去年正月廿七日以[illegible][illegible][illegible]重寫本受

家君之玄訓了　于時年十八

兼市正清原頼業

仁平四年三月十九日酉剋重讀合了

自去年五月初讀之此經篇巻多正

義少經文義例難舉大意出平常

之文者孔祭酒所釋纔十之二三而已

故先進古賢例詁煩疎家之秘本

之文者孔穎達所釋纔十之二三而已
故先進古賢訓詁頗疎家之秘本
非無疑殆歟生年齡十四初志學
業二十年來浮沈此道諸經之中
殊嗜斯文早雖傳先考之說未能
散當時之疑但得之後無便釋蒙
然間去久安六年窮冬之適拜傳説
累祖道乃成後之古本或處以義推加

然而去久安六年寒冬適承傳本
恩弘道仍或校古本或據正義粗加
愚案頗改舊誤就中至正義釋
之所々尋勘本末聊加粉黛来
楷後昆莫加嘲矣

大外記
朝散大夫國子學都講防州別駕清原
在御判

保元々年五月廿一日付幼童以或本

保元〻年五月廿一日以外重以或本
本見合了元一訖　廿軸同所比校也
其中或有古読或有新箋従善棄
謬唯取合意耳

金澤文庫

家君自點圖書
文永元年九月十六日以家本校
點了　勝家君本〻大本傳在會
也又蒙〻家入合烏角子細〻　澄

點了　雖家君本之本猶存全
光大隱之家令爲備子孫之證
本　誥六十六廻之老眼所加功
之　在天之文星光望先師豈
無義悚乎
前參河守清原　在判
文永元年十二月一日以家秘

文永元年十一月二十日以家秘
本手加點之畢又以
家君自點之本一校了彼
奥書皆録右而已
朝請大夫清原在判
文永二年四月廿五日校
直隆畢

大外記 在判

此書一部卅巻〻以或外記大夫
本或音博士本重一校畢
文永六年十月廿日以家之
秘說奉授越後三郎貴閣了

此書者依有[illegible]
今日乃一部卅巻[illegible]
朝請大夫清[illegible]（花押）
一覧畢　于時[illegible]年八月廿九日（花押）

紙背

春秋左氏傳序　正義曰此序題目文多不同或云春秋序或云左氏傳序或云春秋
經傳集解序或云春秋左氏傳序案晉宋古本及今定本並云春秋左氏傳今依
用之南人多云此本釋例序後人移之於此且有題曰春秋釋例序置之釋例之端今
所不用晉大尉劉寔與杜同時人也宋大學博士賀道養去杜亦近俱為此序作
注題並不言釋例序明非釋例序也又晉宋古本序在集解之端徐邈以晉世
定五經音訓為此序作音且此序非音但此序稱分年相附隨而解之名曰經傳
集解是言為集解作序也又別集諸例從而釋之名曰釋例異同之說釋例
詳之是其據集解而指釋例安得為釋例序也序與敘音義
同爾雅釋詁云敘緒也然則舉其綱要若繭之抽緒孔子為書作序為易作
序卦子夏為詩作序故杜亦稱序序春秋名義經傳體例及已為解之意也
此序大略凡有十一段明義以春秋是此書大名先解立名之由自春秋至所
記之名也明史官記事之書名曰春秋之義自周禮有史官至其實一

記之名也明史官記事[illegible]

也明天子諸侯皆有史官必須記事之義自韓宣子適魯至舊典禮經

也言周史記事褒貶得失本有大法之意自周德既衰至從而明之言典

禮廢缺善惡無章故仲尼所以脩此經之意自左丘明受經於仲尼至所脩之

要故也言丘明作傳務在解經而有無傳之意自身為國史至然後為得也

言經旨之表不應須傳有通經之意自其發凡以言例至非例也言丘

明傳有三等之體自故發傳之體有三至三叛人名之類是也言仲尼脩經

有五種之例自推此五體至人倫之紀備矣總言聖賢大趣足以周悉人道所

說經傳理畢故以此言結之自或曰春秋以錯文見義至釋例詳之也言已異

於先儒自明作集解釋例之意自或曰春秋之作下盡亦無取焉大明

春秋之早晚始隱終麟先儒錯謬之意賈逵大史公十二諸侯年表

序云魯君子左丘明作傳據劉向別錄云左丘明授曾申申授吳起起

授其子期期授楚人鐸椒鐸椒作抄撮八卷授虞卿虞卿作抄撮九卷授荀

[illegible]授[illegible]之書[illegible]而所發[illegible]及魯共王壞孔子舊宅於壁中

抄其子其〻抄楚人金抄金抄仆抄抄人先抄序外序外〻抄抄

鐸〻授張蒼此經既遭焚書而亦廢滅及魯共王壞孔子舊宅於壁中
得古文逸禮有三十九篇書十六篇天漢之後孔安國獻之遭巫蠱
倉卒之難未及施行及春秋左氏丘明所脩皆古文舊書多者二十
餘通藏於秘府伏而未發漢武帝時河間獻左氏及古文周官光武之
世議立左氏學公羊之徒上書訟公羊抵左氏左氏之學不立成帝時
劉歆校秘書見府中古文春秋左氏傳歆大好之時丞相尹咸以能
治左氏與歆共校傳歆略從咸及丞相翟方進受文質問大義初左
氏傳多古字古言學者傳訓詁而已及歆治左氏引傳文以釋經
轉相發明由是章句義理備焉歆以爲左丘明好惡与聖人同親見
夫子而公羊穀梁在七十二弟子後傳聞之與親見其詳略不同歆數
以問向向不能非也及歆親近欲建立左氏春秋及毛詩逸禮古文尚書
皆列於學官哀帝令歆與五經博士講論其義諸儒博士或不肯置

皆不於學官哀帝令歆與五經博士講論其義諸[illegible]
對歆因移書於太常博士責讓之和帝元興十一年鄭興父子及歆創
通大義奏上左氏始得立學遂行於世至章帝時賈逵上春秋大
義四十條以抵公羊穀梁帝賜布五百匹又與左氏作長義至鄭康
成箴左氏膏肓發公羊墨守起穀梁廢疾自此以後二傳遂微左
氏學顯矣

言則多云如右云云

春秋經傳集解　正義曰五經題篇皆出注者之意人各有以故題無常準此本經傳別行則經傳各自有題注者以意裁定其本難可復知據今服虔所注題云隱公左氏傳解誼第一不題春秋二字從則春秋二字蓋是經之題也服言左氏傳三字蓋本傳之題也杜既集解經傳春秋此書之大名故以春秋冠其上序說左氏言已備悉故略去左氏而為此題焉經傳集解四字是杜所加其餘皆傳本也經者常也言事有典法可常遵用也傳者傳也博釋經意傳示後人分年相附集而解之故謂之經傳集解

隱公第一　正義曰魯者侯爵杜君采大史公書世本言引傳記以為世族譜略記國之興滅譜云魯姬姓文王子周公旦之後也周公股肱周室成王封其子伯禽於曲阜為魯侯今魯國是也自哀以下九世二百一十七年而楚滅魯侯魯世家伯禽至隱公凡一十三君兄弟相及者五人隱公名息姑伯禽七世孫惠公弗皇子聲子所生平王四十九年即位是歲之在豕韋禮記檀弓曰死謚周道也周法天子至於大夫既死則累其德行而為之謚周書謚法云隱拂不成曰隱魯實侯

爵而稱公者五等之爵雖尊卑殊號臣子尊其君父皆稱爲公是禮之常也字書
云第訓次也一者數之始此卷於次第當其一也
杜氏　正義曰杜氏名預字元凱戴之孫恕之子也陳壽魏志云杜畿字伯侯京
兆杜陵人也漢御史大夫杜延年之後文帝時爲尚書僕射封樂亭侯試船溺
死追贈大僕謚戴侯也恕字務伯官至幽州刺史預司馬宣王女壻也王隱
晉書云預知謀深博明於治亂常稱德者非所企及立言立功預所庶幾也大觀
群典謂公羊穀梁詭辯之言又非先儒說左氏未究丘明之意横以二傳亂之
乃錯綜微言著春秋左氏經傳集解又參考衆家爲之釋例又作盟會圖
春秋長歷備成一家之學至老乃成預有大功名於晉室位至征南大將軍
開府封當陽侯荊州刺史食邑八千戶時人號爲武庫不言名而言氏者注
述之人義在謙退不敢自言其名故但言杜氏毛萇孔安國馬融王肅之徒其
所注書皆稱爲傳鄭玄則謂之爲注而此於杜氏之下更無稱謂者以集解之
名已題在上故止云杜氏而已劉炫云不言名而云氏者漢承焚書之後諸儒
各載學名不敢布於天下但欲傳之私族自題其氏爲謙之辭

傳惠公元妃孟子　正義曰惠公名弗皇孝公之子也謚法愛民好與曰惠釋詁云元
始也妃匹也始匹者言以前未嘗娶而與人始爲匹故注云言元妃明始適夫人也妃者
名通適妾故傳云陳哀公元妃鄭姬生悼大子偃師二妃生公子留下妃生公子勝
元者始也長也一元之字兼始適兩義故云始適夫人也然則有始而非適若孟任之
類是也亦有適而非始若哀姜之類是也妃者配匹之言非有尊卑之異其尊卑
殊稱則曲禮所云天子之妃曰后諸侯曰夫人大夫曰孺人士曰婦人庶人曰妻是也鄭
玄以爲后之言後蓋執治內事在夫之後也夫之言扶言能扶成人君之德也孺之
言屬言其繫屬人也婦之言服言其服事人也妻之言齊言與夫齊等也庶
人之賤見其齊等也以上因其尊卑爲立別號其實皆配夫通以妃爲
稱少牢饋食禮云以某妃配某氏是大夫之妻亦稱妃也孟仲叔季兄弟姊妹
之別字也孟伯倶長也禮緯云庶長稱孟然則適妻之子長者稱伯妾子長
於妻子則稱爲孟所以別適庶也契姓子宋是殷後故子爲宋姓婦人以字配
姓故稱孟子

姓故稱孟子
注不稱至夫謚　正義曰魯之夫人皆稱薨擧此獨無謚言卒故特解之定
十五年姒氏卒傳曰不成喪則知此不稱薨亦不成喪也案傳例不赴則不稱
薨然則此云不成喪者正謂不赴於諸侯也周禮小史卿大夫之喪賜謚讀
誄止賜卿大夫不賜婦人則婦人法不當謚故號當繫夫釋例曰謚者興
於周之始王變質從文於是有諱焉先夫死不得從夫謚解其不稱惠也此
言其正法耳重言孟子者服虔云嫌与惠公俱卒故重言之下仲子亦然
[illegible]謚也襄二十三年傳稱臧

注聲謚至繼室　正義曰謚法不生其國曰聲是聲為謚也襄二十三年傳稱臧
宣叔娶于鑄生賈及為而死繼室以其姪則姪之与娣皆得繼室此既無文故
設疑辭云蓋孟子之姪娣也成八年傳曰凡諸侯嫁女同姓媵之異姓則否
莊十九年公羊傳曰諸侯娶一國則二國往媵之以姪娣從姪者何兄之子也娣
者何弟也諸侯壹聘九女然則諸侯娶元三國々別各有三女此言諸侯始娶
則同姓之國以姪娣媵者欲云媵者亦有姪娣有略為文耳其適夫人与媵
皆有姪娣但聲子或是孟子姪娣或是同姓之國媵者姪娣以其難明故
杜兩解之初云孟子之姪娣又云同姓之國以姪娣媵是也故釋例曰古者諸
侯之娶適夫人及左右媵各有姪娣皆同姓之國々三人凡九女參骨肉至親
所以息陰訟々々息所以廣繼嗣是其義也然宋之同姓國後世存子姓殷時
未宋室同黎比髦自夷蕭但春秋不載其國未知宋之同姓者是何釋言云媵
送也言妾送適行故夫人姪娣亦稱媵也經傳之說諸侯唯有繼室之文
皆無重娶之禮故知元妃死則次妃攝治內事次妃謂姪娣与媵諸妾之數

皆無重娶之禮故知元妃死則次妃攝治內事次妃謂姪娣與媵諸妾之最
貴者釋例曰夫人薨不更聘必以姪娣媵繼室是夫人之姪娣與二媵皆可
以繼室也適庶之爭禍之大者禮所以別嫌明疑防微杜漸故雖攝治內事
猶不得稱夫人又異於餘妾故謂之繼室妾處夫之室故書傳通謂妾爲室
言繼續元妃在夫之室

入兗陰故鄭在兗陽西南也又按西晉制川君桓為陽也
注隱公至元年　正義曰傳云王周正月知是周王之正月也説公之年者云元者氣之始春者
四時之始王者受命之始正月者政教之始公即位者一國之始春秋緯稱黄帝受文圖有五始
謂此五事也杜於左氏之義雖無此文而五始之理亦於杜無害此非左氏所敗之要自
是史官記事之體故晉宋諸史皆言元年春王正月帝即位是也元年正月實是一
年一月而別立名故解之云凡人君即位欲其體元以居正故不言一年一月也言欲其
體元以居正者元正實是始長之義但因名以廣之元者氣之本也善之長也人君
執大本長庶物欲其與元同體故年稱元也正者直方之間語也直其行方其義人君當執
直心杖大義欲其常居正道故月稱正也以異君之始年感之始月故特假此名以示義其餘
皆即從其數不復改也書稱月正元日言同於此又解無事而書正月之意隱雖不即位
然攝行君事而亦朝廟告朔改元布政故書首年始月以明其應即位而不為也隱莊閔
僖四公元年傳皆説不書即位之由故指以
為例隱不行即位又謙不告至而咸首書
朔朝正所以尊敬祖考也若不行即位又不朝正則與臣子無別不
成為君故告朔朝廟也

傳元年春王正月　就漢史之説
經依五始之義叶正義歟
經元年春王正月　舊説諸本如之
闕院一説

經元年ノ春王正月　杜舊說諸本如之　即位又不朝正與臣子無　成爲君故告朔朝廟也

爛脫一說

先讀經元年ノ更返讀傳惠公元妃孟子至隱公立而奉之次
讀傳元年春王周正月以下云〻
故定安說也信俊眞人說云〻此說可奇序云〻故傳或先經
以始事或後經終義正義之先經者若隱公不書即位先發
仲子歸于我衛州吁弑其君宣之先發莊公娶于齊如此之
類是先經也云〻注家其意正義又如此以之知此說非矣耳

又不傳此說可

井ロフ〻家說

爲魯夫人　江家說又如此　江說叶正義

惠公　名不皇諡法愛人民好与曰惠其子隱公讓國之君
周元王乙丑即位治天下八年貞定在位廿八年矣宜右氏丘明作
傳于時孔子卒十二年案年代貞定王元年矣宜丘明作傳

周元王乙丑即位治天下八年貞定在位廿八年矣自右氏丘明作傳于時孔子卒十二年案年代〃貞定王元年矣自丘明作傳敬王卌年辛酉孔丘卒從則作傳元加卒年十三年欲孔子卒後十三年作傳云〃

集解

集買及舊說夫子之經与丘明之傳各別卷杜氏合而釋之故曰經傳集解

杜氏

正曰杜氏名預字元凱畿之孫恕之子也陳壽魏志云杜畿字伯侯京兆杜陵人也文帝時為尚書僕射云〃恕字務伯官至幽州刺史云〃預有大功名於晉室位至征南大將軍開府封當陽侯不言名而言氏者注述之人義在謙退不欲自言其名故但言杜氏

何休亦云賵猶覆也蓋謂覆被亡者乎

注不稱至陵縣　正義曰國討者謂稱國若人稱國稱人則明其為賊言一國之人所欲討也今稱鄭伯指言君自殺弟若弟無罪然譏其失兄之教不肯早為之所乃是養成其惡及其作亂則必欲殺之故稱鄭伯所以罪鄭伯也傳例母弟稱弟稱弟段實母弟以其不為弟行故去弟以罪段也兩罪之者明兄雖失教而段亦凶逆也釋例曰兄而害弟者稱弟以章兄罪弟又害兄則去弟以罪弟身統論其義兄弟二人交相殺害各有曲直存弟則示兄曲也鄭伯既失教若依例存弟則嫌善段故特去弟兩見其義是其說也言稱是仲尼之（傳言稱鄭伯譏失教也）變例也稱君為罪君則知稱人為國討序云推變例以正褒貶是此類也推以為例故言例在彼年諸注言例在者未必皆有凡例也地理志河南郡有宛陵縣又有新鄭縣於漢則宛陵新鄭各自為縣晉世分河南而立滎陽廢新鄭而入宛陵故鄭在宛陵西南也又地理志潁川郡有鄢陵縣

注[illegible]至正月　正義曰傳言王周正月以是周王之正月也說公羊者云元者氣之始春者

秋七月至之賵　正義曰天王周平王也惠公薨在往年明年仲子始薨蓋於時
有疾王聞其疾謂之已薨故使大宰大史名咺者來至於魯并歸惠公仲子之賵
賵者助喪之物文五年注云車馬曰賵士喪既夕禮云公賵玄纁束帛兩馬士
之制只得駕兩馬故云賵兩馬大夫以上皆駕四馬此宰咺來賵蓋用四馬也公羊傳
曰喪事有賵〻〻者蓋以馬以乘馬束帛車馬曰賵穀梁傳曰乘馬曰賵皆謂宰
咺用乘馬來也惠公仲子不言及者是并致二賵或是史異辭蓋二者各以乘馬
不宜以一乘之馬賵二人也服虔云賵覆也天王所以覆被臣子案士喪既夕禮兄
弟所知悉皆致賵非獨君之賵臣以賵爲覆則可矣其言覆被臣子則非也
何休亦云賵猶覆也蓋謂覆被之者乎

注傳例至見義　正義曰傳文與上下作例者注皆謂之傳例釋例曰君之所佑是謂股
肱股肱或虧何痛如之疾則親問焉喪則親與小斂大斂愼終歸厚之義也故仲尼脩
春秋所佑之喪公不與小斂則不書日示薄厚戒將來也所以新死小斂爲文則
但臨大斂及不臨其喪亦同不書日也襄五年冬十二月辛未季孫行父卒傳曰
大夫入斂公在位是公與小斂則書日之事也其羣柔溺等生見經傳死而不書卒
者皆不以所禮終也文十四年秋九月甲申公孫敖卒于齊已絕所位公不與小斂
而書日卒者釋例曰公孫敖縱情棄命既已絕位非大夫也而備書於經者惠叔
毀請於朝感子以赦父敦公族之恩崇仁孝之教故傳曰爲孟氏且國故也是言雖
不與斂恩實過厚故書日也莊三十二年秋七月癸巳公子牙卒時公有疾昭二十
五年冬十月戊辰叔孫婼卒二十九年夏四月庚子叔詣卒時公孫在外成十七年
冬十一月壬申公孫嬰齊卒于貍脤在外而卒皆公不與斂而書日者釋例曰其或
公在外大夫卒於國而備書其日者君子不責人以所不得備非不欲臨也

冬十月壬申公孫嬰齊卒于貍脤在外而卒皆公不與斂而書日者釋例曰其
公疾在外大夫不卒於國而猶存其日者君子不責人以所不得備非不欲臨也
然則為其有故不得以責公故皆書日也公孫嬰齊書所卒之地餘皆不書地者
釋例曰魯大夫卒其竟內則不書地傳稱季平子行東野卒于房是也而先
儒以為雖以術禮終而不臨其喪皆沒而不書杜知不臨其喪亦同不書日者棄虔
父之死不以術禮終而隆不書之知唯據不以術禮終者經皆不書明以術禮終雖
全不臨喪亦同書卒但不書日耳春秋諸事日與不日傳皆不發唯此發傳故特解
之云春秋不以日月為例唯術作之喪偏託日以見義也言事之得失未足以褒貶
人君者春秋之文褒為厚賞貶為大罰君之於臣有恩則常事不足以加責無
恩則小失不足以致罰故云未足以襃貶也止欲貶責死者君自無恩然亦非
死者之罪意欲以為勸戒無辭可以寄文而人臣對君為輕賤死日可略去故
於此一條特假日以見義其餘則不以日月為例故無傳也

注段出至鄂侯　正義曰賈服以共為謚〻法敬長事上曰共作乱而出非有

共德可稱餬口四方無人與之為謚故知段出奔共故稱共猶下晉侯之稱

鄂侯也

名相通也
注祭仲至百雉　正義曰注諸言大夫者以其名氏顯見於傳更無卑賤之驗者
皆以大夫言之其實是大夫以否亦不可委知也宣十二年公羊傳曰雉者何五
板而堵五堵而雉何休以為堵四十尺雉二百尺許慎五經異義戴禮及韓詩說
八尺為板五板為堵五堵為雉板廣二尺積高五板為一丈五堵為雉雉長四丈古周禮
及左氏說一丈為板板廣二尺五板為堵一堵之牆長丈高丈三堵為雉一雉之
牆長三丈高一丈以度其長者用其長以度其高者用其高也諸說不同必以
雉長三丈為正者以鄭是伯爵城方五里大都三國之一其城不過百雉則百雉
是大都定之制因而三之則侯伯之城當三百雉計五里積千五百步步長六尺
是九百丈也以九百丈而為三百雉則雉長三丈實違馬融王肅之徒為
古學者皆云雉長三丈故杜依用之侯伯之城方五里亦無正文周禮冬官考
工記匠人營國方九里旁三門謂天子之城天子之城方九里諸侯禮當降殺則
知公七里侯伯五里子男三里以此為定說也但春官典命職乃稱上公九命侯
伯七命子男五命其國家宮室車旗衣服禮儀皆以命數為節鄭玄以為國

伯七命子男五命其國家宮室車旗衣服禮儀皆以命數爲節玄以爲
家國之所居謂城方也如典命之言則公當九里侯伯七里子男五里故鄭玄
兩解之其注尚書大傳以天子九里爲正說又云或者天子之城方十二里詩文王
有聲箋言文王城方十里大於諸侯小於天子之制論語注以爲公大都之城
方三里皆以爲天子十二里公九里也其駮異義又云鄭伯城方五里以匠人
典命俱是正文因其不同故兩申其說今杜無二解以侯伯五里爲正者蓋
以典命所云國家者自謂國家所爲之法禮儀之度未安以爲城居也
雖是名在郎矣　或曰費求以無爲益之法故是事止是其作亂而出非有

大都至九之一　正義曰定以王城方九里準此義計之則王城長[illegible]
三里長一百八十雉中都方一里又二百四十步長一百八雉也小都方一里長六十雉
也公城方七里長四百二十雉其大都方二里又一百步長一百四十雉也中都方
一里又一百二十步長八十四雉也小都方二百三十三步二尺長四十六雉又二丈
也侯伯城方五里長三百雉其大都方一里又二百步長百雉也中都比王之
小都其小都方一百六十六步四尺長三十三雉又一丈也子男城比王之大都其大
都比侯伯之中都其中都方一百八十步長三十六雉也小都方百步長二十雉
也考工記曰王宮門阿之制五雉宮隅之制七雉城隅之制九雉門阿之制以爲都
城之制宮隅之制以爲諸侯之城制然則王之都城隅高五丈城蓋高三丈諸
侯城隅高七丈城蓋高五丈也三丈以下不復成城其都城蓋亦高三丈也周
禮四縣爲都周公之設法耳但土地之形不可方平如圖其邑竟廣狹無復定
準隨人多少而制其都邑故有大都小都焉下邑謂之都々亦一名邑莊二
十八年傳曰宗邑無主閔元年傳曰分之都城俱論曲沃而都邑互言是其
名相通也

天王至故名　正義曰緩賵惠公生賵仲子事由於王非咺之過所以貶咺者天王
至尊不可貶責貶王之使足見王非且緩賵惠公專是王過生賵仲子咺亦
有愆使者受命不受辭欲令遣時設宜臨機制變王謂仲子已薨令咺齎致
其賵仲子尚存賵事須止寧咺知其未薨猶尚致賵是則不達時宜恥辱君命
王則任非其人咺亦辱命之使君臣一體好惡同之貶咺亦所以責王也

本國軌本不同若以[illegible]

○○五三

天子至姻至　正義曰天子諸侯大夫士位既不同禮亦異數赴弔遠近各有等差
同其弔荅以爲葬節

○○五四

注言同至之國　正義曰鄭玄服虔皆以軌爲車轍也王者馭天下必令車同軌書同
文同軌畢至諸海內皆至也四夷異俗不可同其文軌天子之喪不能以時赴弔故
言同軌以別四夷之國也周禮巾車木路以封蕃國蕃國即四夷也既受王命車
亦應同軌而言別四夷者四夷來朝天子〻〻賜之車服行於中國自然同軌其在
本國軌本不同若以巾車之文所言與華夏同軌豈亦能同文也

○○五四

注同在方嶽之盟　正義曰周禮司盟凡邦國有疑會同則掌其盟約之載盟則天子
之合諸侯有使諸侯共盟之禮也王合諸侯唯有巡守其非巡守則有事而會〻
之多少唯王所命不得有同盟常禮〻之同盟唯方嶽耳故左氏舊説十二年三考
黜陟幽明既分天子展義巡守柴望既畢諸侯遂朝退相與盟同好惡獎王室是其
當方諸侯同有方嶽之盟同盟情親吉凶相告故遣使會葬也

〇〇五四

其實月數同也
注古者至踰時　正義曰同位謂同爲大夫共在列位者待其來至三月待之故知古者
於法行役不踰時也隱五年穀梁傳曰伐不踰時明行役聘問亦不踰時也

〇〇五四

注踰月度月也　正義曰襄十五年十一月晉侯周卒十六年正月葬晉悼公杜云踰月
而葬速是踰月亦三月也此注云踰月度月者言從死月至葬月其間度一月也士
與大夫不異而別設文者以大夫與士名位既異因其名異示爲等差故變其文耳
其實月數同也
注古者至踰時　正義曰同位謂同爲大夫共在列位者待其來至三月待之故知古者

注蜚負至放此　正義曰釋蟲云蜚蠦蜰舍人李巡皆云蜚蠦一名蜰郭璞云蜚
即負盤臭蟲洪範五行傳云蜚負蠜夷狄之物越之所生其為蟲臭惡南方
淫女氣之所生也本草曰蜚厲蟲也然則蜚是臭惡之蟲害人之物故或
為災或不為災也經傳皆云有蜚則此蟲直名蜚耳不名蜚蠦爾雅所釋當言
蜚一名蠦蜰說爾雅者言蜚蠦一名蜰非也此蟲一名負盤漢書及此注多作負
蠜者釋蟲云草螽負蠜彼則咸時常有非災蟲也蓋相涉誤為蠜耳又明
下有成例此不合書而傳發之者明傳之所據非獨正史之策亦兼采簡牘所
有故傳據而言之案上傳紀人伐夷注云傳見其事以明春秋例則此有蜚亦
明春秋例此云傳之所據非唯史策兼采簡牘則上紀人伐夷亦是兼采簡
牘但紀人伐夷他國不告故以明例解之蜚是魯國之有故以兼采簡牘言之其
實二注互以相通他皆此類

注戎狄至魯地　正義曰曲禮云東夷西戎南蠻北狄然則四者是九州之外別名也
詩商頌曰自彼氐羌氐羌西戎之國名也杜欲明其在遠無以相形故云氐羌之別種
謂是相類之物耳非謂四者是羌內之別也其實氐羌乃是戎內之別耳戎子駒
支云我諸戎飲食衣服不與華同贄幣不通言語不達討歴不堪會盟故解云言
順其俗以為禮也沈氏云會據公注戎為主人故得隨主人之俗以為會禮朝據戎來
魯為主人戎不能從主人之俗故朝禮不成戎是西方之夷路不遠來會魯故知
謂居中國若戎子駒支者也駒支事見襄十四年

〇〇六五

注許其至而足　正義曰戎貪而無信盟或背之公未得戎意恐好不久成故不許其
盟也漂夷狄者不壹而足文九年公羊傳文言制禦夷狄當以漸教之不一度而即
使足之也

注日行至七年　正義曰古今之言歷者大率皆以周天爲三百六十五度四分度之一日行比月爲遲每日行一度故一歲乃行一周天月行比日爲疾每日行十三度十九分度之七故一月內則行一周天又行二十九度過半乃逐及日言一月一周天者略言之耳其實及日之時不啻一周天也日月雖共行於天而各有道每積二十九日過半行道交錯而相與會集以其一會謂之一月每一歲之間凡有十二會故一歲爲十二月日食者月掩之也日月之道互相出入或月在日表從外而入內或月在日裏從內而出外道有交錯故日食也二十九日過半月及日者以歷家一日分爲九百四十分則四百七十分爲半今月未及日凡二十九日又四百九十九分是之過半校二十九分也日有食之言有物來食之也日月同處則日被月映而形魄不見聖人不言日被月食而云日有食之者以其月不可見作不知之辭穀梁傳曰其不言食之者何也知其不可知知也是言慎疑故不言月也朔則交會故食必在朔然而每朔皆會應每月常食故解之云日月動物雖行度有大量不能不小有盈縮故有雖交會而不食者或有頻交而食者自然之元

故不云月也前見交食者食[illegible]
物雖行度有大量不能不小有盈縮故有雖交會而不食者或有頻交而食者自隱之元
年盡哀二十七年積二百五十五年凡三千一百五十四月唯三十七食是雖交而不食也
襄二十一年九月十月頻食二十四年七月八月頻食是頻交而食也食無常月唯正陽
之月君子忌之以日食者陰侵陽也當陽盛之月不宜為弱陰所侵故有伐鼓用幣之事
餘月則否其日食例皆書朔已巳之下經無朔字長曆推此已巳實是朔日而不書朔史
失之也此注作大判言耳戰國及秦歷紀全廢漢來漸候天時始造其術劉歆三統以為
五月二十三分月之二十而日一食宜得食日而不得加時漢末會稽都尉劉洪作乾象
歷始推月行遲疾求日食加時後代脩之漸益微密今為歷者推步日食莫不符
合但無頻月食法故漢初以來殆將千歲為歷者皆一百七十三日有餘而始一交
會未有頻月食者今頻月而食乃是正經不可謂之錯誤世考之歷術事無不驗
不可謂之蹉失由是注不能定故不言之也又漢書高祖本紀高祖[illegible]依三年十月十
一月晦日頻食則日有頻食之理其解在襄二十四年穀梁傳曰言日不言朔食晦日也
朔日並不言食晦夜也朔日並言食正朔也言朔不言日食既朔也

天王崩　正義曰曲禮下曰天子死曰崩諸侯曰薨大夫曰卒士曰不禄庶人曰死鄭玄云異死名者為人褻其無知若猶不同然也自上顛壞曰崩薨顛壞之聲卒終也不禄不終其禄死之言澌也精神澌盡也是由天子尊若山崩然諸侯卑取崩之聲以為尊卑之差也不書天王名者以海内之主至尊之極故敬而不敢名也穀梁傳云高曰崩厚曰崩尊曰崩天子之崩以尊也以其在民上故崩之其不名何也大上故不名也蘇氏云王后崩大子卒不書者赴不及魯也今以為略之例所不書也告喪禮云告王喪曰天王登假此言崩者魯史裁約為文不道當時赴不言登假也

正義曰僖八年致夫人傳曰不赴於同則弗致故知赴者赴於同盟之國也禮檀弓記葬禮云既封有司以几筵舍奠於墓左反日中而虞士喪禮既葬乃反哭於廟遂適殯宮而虞是既葬日中自墓反虞於正寢正寢即殯宮也僖三十三年傳與檀弓記皆云卒哭而祔喪服小記曰婦祔於祖姑雜記曰妾祔於妾祖姑是祔於姑者祔於祖姑也此三者皆夫人之喪禮

〇〇七六

〻云沼沚之毛者或采之水旁非皆水内也

澗谿至之菜　正義曰毛訓菜也而重其文者谿沼言地之陋蘋藻言菜之薄故文重也

〇〇七六

脞筐筥錡釜之器潢汙行潦之水…

汪谿亦至毛草　正義曰爾雅釋山云山夾水澗李巡曰山間有水釋名曰言水在兩山間也

釋水曰水注川曰谿李巡曰水出於山入於川釋山又云山瀆無所通谿李巡曰山中水瀆

雖無所通與水注川同名宋均曰無水曰谷有水曰谿然則谿亦山間有水之名是澗之

類故云谿亦澗也沼者池之別名張揖廣雅亦云沼池也應劭風俗通云池者陂池從水

也聲沚與畤音義同釋水曰小陼曰沚釋名曰沚止也小水可止息其上草是地之毛周

禮宅不毛諸宅內無草木也故杜以毛爲草草即下句蘋蘩薀藻是也蘩陸菜

〻云沼沚之毛者或采之水旁非皆水内也

澗谿至之菜　正義曰毛訓菜也而重其文者谿沼言地之陋蘋藻言菜之薄故文重也

注疏曰至曰銓　正義曰此言詩[illegible]
注蘋大至聚藻也　正義曰釋草云苹蓱其大者蘋舍人曰苹一名蓱大者名蘋郭
璞曰水中浮蓱江東謂之薸陸機毛詩義疏云今水上浮蓱是也其麤大者謂之
蘋小者曰蓱季春始生可糝蒸爲茹又可苦酒淹以就酒釋草又云蘩皤蒿孫炎
曰白蒿也陸機疏曰凡艾白色爲皤蒿今白蒿春始生及秋香美可生食又可蒸一名
遊胡北海人謂之旁勃故大戴禮夏小正傳曰蘩遊胡〻〻旁勃也（遊胡）許慎說文云藻水草
從艸從水巢聲或作薻從澡也詩傳曰藻聚藻也然則此草好聚生蘊訓聚也故云蘊
藻聚藻也陸璣疏云生水底有二種其一種葉如雞蘇莖大如箸長四五尺其一種莖大
如釵股葉如蓬謂之聚藻又云扶風人謂之藻聚爲發聲也此二藻皆可食煑熟挼去
腥氣米麪糝蒸爲茹嘉美揚州人饑荒可以當穀食

○○七六

酌之篇藻雖潦水所生要此潦非生菜處也

注方曰至日錡　正義曰此皆詩毛傳鄭箋之文也説文云筥飯牛筐也廣雅云錡釜也

[illegible]

○○七六

之事是羞於公也[illegible]

注潢汙至流潦　正義曰停水謂水不流也汙行道也雨水謂之潦言道上聚流者也服

虔云畜小水謂之潢水不流謂之汙行潦道路之水是也此水用爲飲食故引洞

酌之篇藻雖潦水所生要此潦非生菜處也

○○七六

令言行葦者其意引取忠厚非以結上也

可薦至王公　正義曰上言鬼神此言王公是生王公也或以爲王公亦謂鬼神

非生王公也此傳之意取詩爲言洞酌論天子之事是羞於王也采蘩云公侯

之事是羞於公也言薦又言羞者鄭玄注庖人云備品物曰薦致滋味乃爲羞

[illegible]謂之不流也汙行道也雨水謂之潦言道上聚流者也服

○○七七

雅有行葦　正義曰采蘩采蘋洞酌上傳所言皆有彼篇之事其言未及行葦

令言行葦者其意引取忠厚非以結上也

[illegible]

九月至六羽　正義曰三年之內木主特祀於寢宮廟初成木主遷入其中設祭以安神也祭則有樂故初獻六羽初始也往前用八今乃用六也獻者奏也奏進聲樂以娛神也

六羽謂六行之人秉羽舞也

注螽食至故書　正義曰釋蟲云食苗心螟食葉蟘食節賊食根蟊舍人曰食苗心
者名螟言冥冥難知也李巡曰食禾心爲螟言其姦冥冥難知也食禾葉者言
其假貸無厭故曰蟘也食其節者言其貪狠故曰賊也食其根者言其税取萬
民財貨故曰蟊也孫炎曰皆政貪所致因以爲名郭璞曰分別蟲啖食禾所在
之名耳李巡孫炎以政致爲名舍人郭璞以食處爲名陸機疏云舊說螟蟘
蟊賊一種蟲也如言寇賊姦宄内外言之耳故犍爲文學曰此四種蟲皆蝗也實
不同故分別釋之然則螟非以蟲名以食苗之處爲名耳

因時異而實文耳謂之獵者蒐苗[illegible]
臧僖全敗也　正義曰凡物不足以講大事者物謂事物旌旗車服之屬若其為教
戰祭祀等大事故布設陳列則可如其細碎盤遊雖陳其物不堪足以講習大事
上謂不為大事而陳此物故云不足以講大事也其材不足以備器用者材謂
皮革齒牙之屬若其為飾器用故狩獵取材則可如其因遊宴戲樂所得之
材不堪足以備飾器用止謂不為器用而取此材故云不足以備器用也人
君一國之主在民之上當宜正己而行之以法毆民而納之於善故云人君將
納民於軌物者也言當為軌為物納民於其中也既言民歸軌物更解軌物
之名故講習大事以準度軌法度量謂之為軌準度軌量所謂習戰治兵
祭祀之屬是也取鳥獸之材以章明物色采飾謂之為物章明物采所取
材以飾軍國之器是也

異其文耳
注蒐索至擇也　正義曰爾雅釋天四時之獵名與此同說者皆如此注故杜依用之
周禮大司馬職中春教振旅遂以蒐田中夏教茇舍遂以苗田中秋教治兵遂以
獮田中冬教大閱遂以狩田其名亦與此同鄭玄解苗田與此小異言擇取不孕任者
若治苗去不秀實者孫炎亦然桓四年公羊傳曰春曰苗秋曰蒐冬曰狩三名既與禮
異又復夏時不田穀梁傳曰四時之田皆為宗廟之事也春曰田夏曰苗秋曰蒐冬曰
狩皆與禮異者良由微言既絶曲辯妄生丘明親受聖師故獨與禮合漢代古學不行
明帝集諸學士作白虎通義因穀梁之文為之生說曰王者諸侯所以田獵何為苗
除害上以共宗廟下以簡集士衆也春謂之田何春歲之本舉本名而言之也夏謂
之苗何擇其懷任者也秋謂之蒐何蒐索肥者也冬謂之狩何守地而取之也四時之
田總名為田何為田除害也案苗非懷任之名何云擇去懷任秋獸盡皆不瘦何云
蒐索取肥雖名通義〻不通也故先儒皆依周禮左傳爾雅之文而為之說其名亦
有意焉雖後君獵獲則取之不能擇取不孕夏獵所取無多不能為苗除害為
因時異而變文耳謂之獵者蔡邕月令章句云獵者捷取之名也
或善至改也　正義曰凡物不足以講大事者物謂事物旌旗車服之屬若其為教

並云軍實軍器不云車徒及所獲者彼互相耳古不言也

注雖四至衆也　正義曰雖每年常四時講武猶復三年而一大習猶如四時常祀

三年而復為禘祫意相類也出曰治兵者以其初出始治其事也入曰振旅者

以治兵禮畢整衆而還振訊是整理之義故振為整也旅衆也釋詁文

治兵振旅是作進退其禮皆同所異者唯長幼先後耳釋天云出為治兵尚威

武也入為振旅反尊卑也孫炎曰出則幼賤在前貴勇力也入則尊老在前

復常法也莊八年穀梁傳曰出曰治兵習戰也入曰振旅習戰也公羊傳曰出

曰治兵入曰振旅其禮一也皆習戰也是其禮同也何休公羊為出曰祠兵休

云殺牲饗士卒鄭玄詩箋引公羊亦作治兵是其所見本異也此治兵振

旅亦四時教之但於三年大習詳其文耳周禮春教振旅秋教治兵者四時

教民各以其宜春者止兵收衆專心於農秋者繕甲厲兵特威不軌故

異其文耳

則大麾秋冬以大常旌旗所用雖如此冬之時從王若親軍則建大白
注飲於至獲也　正義曰桓二年傳例曰凡公行告于宗廟反行飲至彼飲至在廟知
此言飲至亦飲於廟也軍之資實唯有車徒器械獵則有所獲詩序車攻
美宣王脩車馬備器械因田獵而選車徒故知數軍實者數車徒器械及
所獲也說文云械器之總名虞喜云器械謂鎧甲兜鍪也宣十二年傳言楚
國無日不討軍實而申儆之襄二十四年傳曰齊社蒐軍實使客觀之二注
並云軍實軍器不言車徒及所獲者彼無獵事故不言也
注雖四至歲也　正義曰雖每年常四時講武猶復三年而一大習猶如四時常祀

注車服旌旗　正義曰周禮巾車職曰革路建大白以即戎木路建大麾以田司
服職曰凡兵事韋弁服凡甸冠弁服鄭玄云甸田獵也計田獵當乘木路服冠
弁也三年治兵乃習兵大禮不互乘田車服田服天子蓋乘革路服韋弁也
在軍君臣同服以卿以下蓋亦乘兵車服兵服也其旌旗則尊卑異建治兵之
禮曰車旗物各以其建之白之麾以田高威早中秋教治兵辨旗物之用王載大

右軍君以同服以旂以下並[illegible]
禮宜辨旗物必不建大白大麾大司馬職曰中秋教治兵辨旗物之用王載大
常諸侯載旂軍吏載旗師都載旜鄉遂載物郊野載旐百官載旟遂
以稱田鄭玄云軍吏諸軍帥也師都遂大夫也鄉遂鄉大夫也或載旜或載
物衆屬軍吏無所將也郊謂鄉遂之州長縣正以下也野謂公邑大夫載
旐者以其將羣吏也百官卿大夫也載旟者以其屬衛王也凡旌旗有軍衆
者畫異物無者帛而已然則治兵旌旗當如司馬職文也實自當載之
國之大閱贊司馬頒旗物王建大常諸侯建旂孤卿建旜大夫士建物師都
旌
建旗州里建旟縣鄙建旐道車載旞斿車載旌計大閱治兵俱是教戰焉
旗之物所建不同者鄭玄云凡頒旗物以出軍之旗則如秋以尊卑之常則如
冬大閱備軍禮而旌旗不如出軍之時空辟實然則大閱所建尊卑之常
治兵所建出軍之禮此二年治兵與秋教治兵其名既同建當不異故服虔
解此亦引司馬職文明是旌旗所建用秋辨旗物之法案大司馬職教治兵
王載大常所以巾車云大麾以田又云大白以即戎者先儒以為王田春夏
則大麾秋冬則大常旌旗所用雖如治兵之時然王若親軍則建大白

賜毲絳
注萬舞也　正義曰案公羊傳曰萬者何干舞也籥者何羽舞也則萬與羽不
同今傳云將萬焉問羽數於衆仲是萬與羽爲一者萬羽之異自是公羊之
說今杜直云萬舞也則萬是舞之大名也何休云所以仲子之廟唯有羽舞
無干舞者婦人無武事獨奏文樂文樂也劉炫云公羊傳曰萬者云云籥者
云云羽者爲文萬者爲武武則左執朱干右秉玉戚文則左執籥右秉翟此傳
將萬問羽即似萬羽同者以當此時萬羽俱作但將萬而問羽數非謂羽即
萬也經直書羽者與傳互見之

〇一二二

八風也
注六六三十六人　正義曰何休說如此服虔以用六爲六八四十八大夫四爲四八三十二士
二爲二八十六杜以舞勢宜方行列既減亦每行人數亦宜減故同何說也或以襄
十一年鄭人賂晉侯以女樂二八爲二佾之樂知自上及下行皆八人斯不然矣彼傳
見晉侯減樂之半以賜魏絳因歌鐘二肆遂言女樂二八爲下半樂張本耳非
以二八爲二佾若二八即是二佾鄭人豈以二佾之樂賂晉侯晉侯豈以一佾之樂
賜魏絳

〇一二三

風之時方可以舉吾人之[illegible]
夫舞至八風　正義曰舞爲樂主音逐舞節八音皆奏而舞曲齊之故舞所以節
八音也八方風氣寒暑不同樂能調陰陽和節氣八方風氣由舞而行故舞所以行
八風也

注八音至其情　正義曰八音者金石土革絲木匏竹周禮大師職文也鄭玄云金鐘鎛
也石磬也土塤也革鼓鼗也絲琴瑟也木柷敔也匏笙也竹管簫也八風八方之風
者服虔以爲八卦之風乾音石其風不周坎音革其風廣莫艮音匏其風融震
音竹其風明庶巽音木其風清明離音絲其風景坤音土其風涼兌音金其風閶
闔易緯通卦驗云立春調風至春分明庶風至立夏清明風至夏至景風至立秋
涼風至秋分閶闔風至立冬不周風至冬至廣莫風至風體一也逐天氣隨八節而
爲之立名耳調與融一風二名昭十八年傳曰是謂融風是其調融同也沈氏云
案樂緯云坎主冬至樂用管艮主立春樂用塤震主春分樂用鼓巽主立夏
樂用笙離主夏至樂用絃坤主立秋樂用磬兌主秋分樂用鐘乾主立冬樂
用柷敔此八方之音既有二說未知孰是故兩存焉更說制樂之本節音行風之
意以八音之器宣播八方之風使人用手以舞之用足以蹈之節其禮制使不荒淫
次序人情使不蘊結也蟋蟀詩曰無以大康職思其居是節其制也舜歌南風曰南
風之時兮可以阜吾人之財兮南風之薰兮可以解吾人之慍兮是序其情也
[illegible]風　[illegible]義曰舞爲樂主音逐舞節八音皆奏而舞曲齊之故舞所以節

注成王至之田　正義曰成王營邑於洛以爲居土之中貢賦路均將於洛邑受朝
許田近於王城故賜周公許田以爲魯國朝宿之邑詩魯頌曰居常與許復周
公之宇是周公得許田也公羊傳曰許田者何魯朝宿之邑也是許田爲魯朝
宿之邑鄭請易許田而求祀周公故知後世因在許田之中而立周公別廟焉
鄭桓公以周宣王之母弟故於泰山之下亦受祊田以爲湯沐之邑祊邑内
亦有鄭先君別廟此時周室既衰王不巡守鄭以天子不復巡守則泰山
之祀既廢祊無所用故欲以祊易許許田近鄭祊田近魯各從本國所近
之宜也魯以許田奉周公之祀易其田則廢其祀恐魯以周公別廟爲
疑慮將不許云已廢泰山之祀而欲爲魯祀周公言鄭得許田周公之祀
不絶也云已廢泰山之祀者謂天子不復巡守鄭家已廢此助祭泰山
山祭祀之事無所祭祀故欲爲魯祀周公其實廢來已久今始云已
廢者欲爲魯祀周公故云已廢耳方便遜辭以求於魯也定之四年祝
[illegible]云取於有閻之土以共王職取於相土之東都以會

[illegible]
佗言康叔之受分物云取於有閻之土以共王職取於相土之東都以會
王之東蒐有閻之土猶魯之許田也相土之東都猶鄭之祊邑也鄭近
京師無假朝宿魯近泰山不須湯沐各受其一僃以道路並遠故兩皆有
之禮記王制曰方伯爲朝天子皆有湯沐之邑於天子之縣内然則朝宿
之邑亦名湯沐但向京師主爲朝王從王巡守主爲助祭祭以沐浴隨事
立名朝宿湯沐亦互言之耳異義左氏說諸侯有大功德乃有朝宿湯
沐之邑公羊說以爲諸侯皆有朝宿湯沐之邑許慎以公羊爲非則杜
意亦從許慎也公羊傳曰此魯朝宿之邑也則曷爲謂之許田諱取周
田也諱取周田則曷爲謂之許田繫之許也曷爲繫之許近許也杜言
近許之田是用公羊爲說杜佞公羊之傳邑實近許故以許爲名劉君
更無更無所據直云別有許邑邑自名許非由近許國故名爲許以
規杜氏非其義也

注報之至曰陳　正義曰胙訓報也有德之人必有美報報之以土謂封之國
名以爲之氏諸侯之氏則國名是也周語曰帝嘉禹德賜姓曰姒氏曰有
夏胙四岳國賜姓曰姜氏曰有呂亦與賜姓曰嬀命氏曰陳其事同也

大雨震電　正義曰說文云震劈歷震物者電陰陽激耀也河圖云陰陽相薄爲雷陰激陽爲電然則震是雷之劈歷電是雷光僖十五年震夷伯之廟是劈歷破之雷之甚者爲震故何休云震雷也

注弟共至之年　正義曰莊公之弟逃於四方故知唯是共叔段也說文云餬寄
食也以此傳言餬口四方故以寄人食言之昭七年傳云饘於是鬻於是以餬余口
釋言云餬饘也則餬是饘鬻別名今人以薄鬻塗物謂之餬紙餬帛則餬者
以鬻爲食口之名故云餬其口也

夏正月建寅月今之正月
殷正月建丑月今之十二月
周正月建子月今之十一月

夏五月　正義釋不分明准稱闕文无改正之義如本　可讀之

正義云釋例曰年之四時雖或无事必空書首月以紀時變以明歷數莊公

獨稱夏五月及經四時有不具者丘明无文皆闕謬也

正義第云莊廿二年書夏五月者杜雖於彼无注釋例以爲闕謬

廿四年經郭公注云蓋經闕誤也云云是郭公下可有文之意也然者五月下

可讀秋

同惡　訓可讀音讀者年識

可案
旡晉子　太子不可爲晉君之義欤

又注六夾〻汾水所 被委載
渭水出隴西東入河〻
一説出隴西之東而入河也
一説出隴西而東入河也
以何為是愚案可用次説釋例水名并微覧水注等
唯注出自其縣不注其縣東西等又注入河海等事亦少
注東西行是以随下説也後見可用之若有脱漏欤所〻
可改直使點盡
勿使

上声之由江大府説云々　東宮切韻引左傳文云々

不慎賓薪事

愚案杜預注孔穎達云我共云其秋
邑知云别我但外寇來攻城之時城中
以薪楚當炊爨之事故築城之時宜
薪備豫歟

輔車ツラカ子 此訓吉備大臣讀云之時棟難之頼隆答云如

ツラキ字 正義又者頗非此訓意歟

ツラシヤカモ

正義意

哀吾元受盟知不能守城
盟庶人而去歟

逄伯　宋韻云姓也出北海左傳音有逄七反

今案經傳本文雖不然其音載人姓之所ヒ可

讀八ウ欤逄七反之所同秋文不勞

而見我焉

先猶寤遇太子也后遇新城巫也

然者見我之后頗誤欤

恵公　献公之三男

韻會云、韻府說同
三易　夏曰連山　殷曰歸藏
周曰周易
或說曰　伏犧之易曰歸藏　神農之易曰連山
文王之易曰周易

乃舍靈臺二 或云云

或説秦伯以晉侯舍靈臺也靈臺在京兆

秦時都雍穆姫不可遂之京兆故又下文

有大夫以入之文是知囚晉侯於此臺也

汾水出太原南入河事

一說汾水出太原南西入河

一說汾水出太原西南入河

釋例云出太原故汾陽縣東南至晋陽縣西南經西河平

陽至河東汾陰縣入河

案此文東南至晋陽西南經西河是皆載汾水之東南

西南也不舉出太原南北欲雖東南西南遂南入河

釋例與不違　勘御覽水經等又以如此是以從後說也

許之立武孟　又通云許之者吾桓心能許也立武孟者易于
遂立也是乙條舊說本并古說於文雖尤順
序也但孝公爲太子未歳易于立无
嬲在吾桓卒後校上下頗亦違歟
許之立武孟　於文雖頗不
宜但自叶義

〇七六二

一本ニ說

以國讓父兄子弟及朝衆朩

伯事
本勘物云莊十七年經注音覇又如字本文作〻蒙（覇）師說云變文
音覇者是意与覇相渉之所也是德明之意也而今不存其
意故隨意讀耳自不音者是以字耳即其義伯長之意也

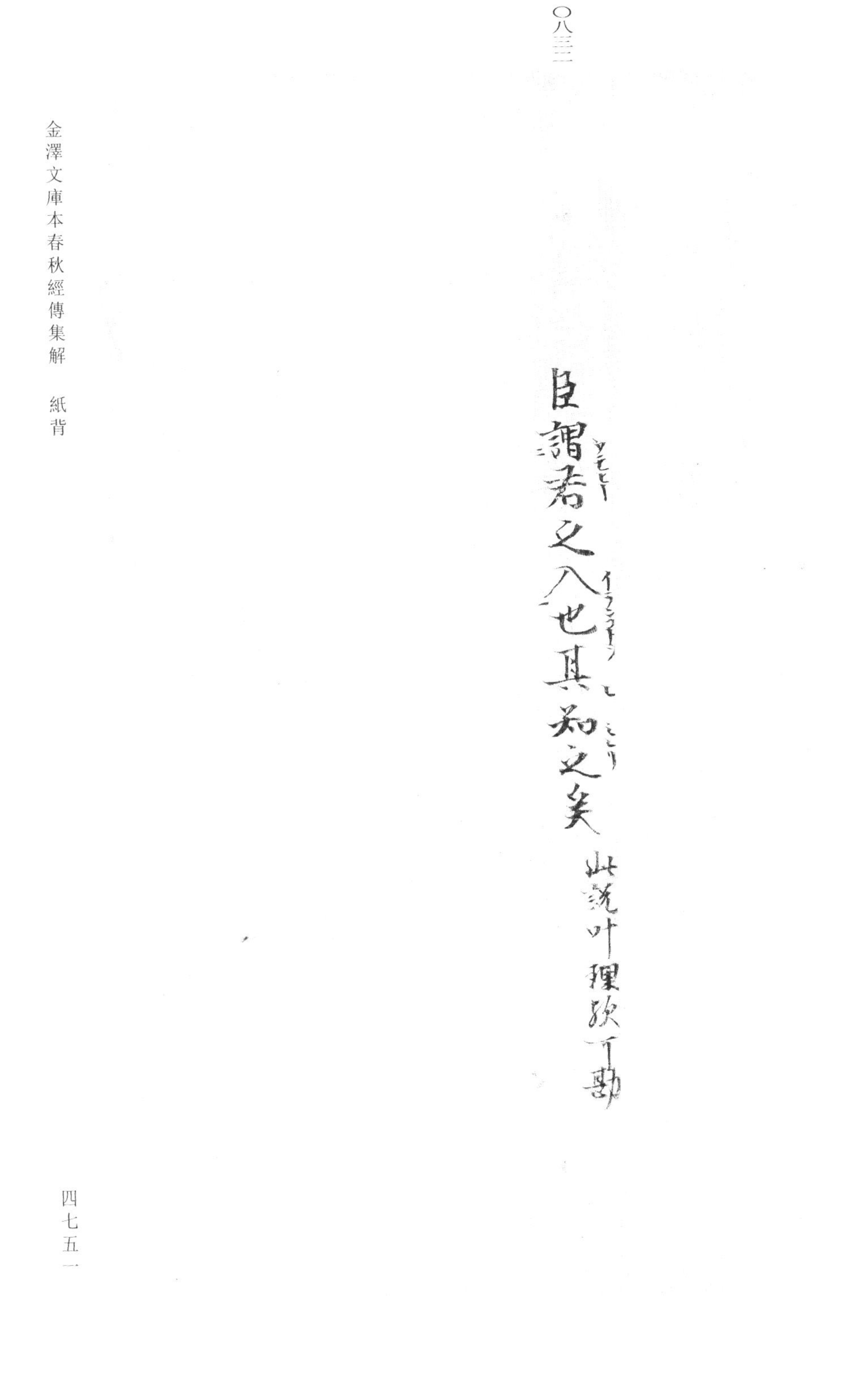

臣謂君之入也其知之矣

此説叶理歟可勘

冬王使来告難曰不穀不德得罪于母之寵子帶

趙襄以壷飡從徑餒而不食

右顯者祉之意也　左興者炫之意也

燠カ舊説
夏四月今二月
夏齊孝公伐我北鄙云〻
杜預釋周之四月當夏之二月也著
不可謂夏カ時之四月

或本作
兇〻懼〻
或勘物云兇〻懼　下兇字釋文不取師説不讀但處〻云
或本既有宜所異本雖未知其優晉人恐懼為所獲之
己二十五ニナイナ
晉人猜而出之狀

韅 許見反又去見反在背曰丨
說文作顯草云著掖皮

靷 以刃反在胷曰丨
說文云軸也

鞅 於杖反在腹曰丨
說文云頸皮也

靽 音半在後曰丨
一云繫也

鬪役之三月
ヒキタチテ 一說
ツイチノ 一說
此役者殘士之役也之 注意猶可謂屬狄
城濮之役ハ四月也鄭伯之如楚ハ三月也
然者鬪字雖有屬意猶 ヒキ为ト
可讀者也

張連反又云諸左傳尒雅作
孟諸宋藪澤也
尚書禹貢釋文云孟豬
孟諸
或書云
師説云有神字旁也

正經於十二月下書乙巳公薨杜以長曆推之十一月十二日有乙巳
巳〻非十二月傳曰於是閏三月非禮也故至四月并閏為七月禮
當五月而葬今七月始葬故傳曰緩也凡此以為傳亂不識
者皆死言所識乃復述其事自此以下不論葬緩既
古言葬遲〻回說作主祭祀之事皆日事与葬連故相
因耳僖公葬在明年而此有傳知其當在明年經葬
僖公下今在此者簡編倒錯故令杜以此年無說葬事
而其上云經元年空三舉葬經而其下云傳故謂此
年之傳當在彼經之下於理職為順序於文共於董
疊此云葬僖公彼又云葬僖公重出文者亦當錯誤也年
其文或可編絕已蒙上字分簡彼有葬此公此有公言葬
後人並添足之致使此共一文耳若直不然不知所以誤也

豊下 シモフテテナリ 但此訓叶傳意

注云ーー蓋面方也 此注不叶傳意 正義无釋 更可勘他書歟

重葉人面上廣下狭 今上下豊滿平等也 故以面方為ーー歟

采形
家語云　正義不載
置六關
關之名也魯本无此關文仲置之以税行者故以為不仁之傳曰廢
六關非之家語文非此注意

〇八一

襄文公之子也又文字義両通

杞伯来朝事

僖廿七年經曰春杞子来朝用夷礼故曰子杜注曰杞先代之後而
迫於東夷風俗雜壊言語衣服有時而夷云〻茲年稱伯是舍
夷礼之故也

文綏事

正曰魏武全初司馬法云將軍死綏舊説綏卻也言軍卻將當死綏蓋退軍之名綏訓為安蓋兵書務在進取恥言其退以安行即為大罪故以綏為名

其處者為劉氏事

正曰伍員屬其子於齊使為王孫氏者知己将死豫令改族其傳又為
而發之士會之帑在秦不顯於會之身後無所辟傳説處秦為劉氏
未知何意言此討尋上下其文不類深疑此句非本有蓋以為漢室
初興損棄古學左氏不顯於世先儒無以自由劉氏從秦從魏其源
本出劉累插注此辭将以媚於世明帝時賈逵上疏云五經皆無
證圖讖明劉氏後堯後者而左氏獨有明文竊謂前世藉此以道
通故後引之以為證耳云々

古本裏書云此文非左氏之作後漢時先儒為證圖讖加載歟
但杜預從注之如本可讀之云々

魯人

梢本正義曰魯人魯鈍之人云々此義不叶経文意　梢本正義多有加入之下疑者非孔頴達之紕繆也

白禽至傳十七君事

史記魯世家魯公伯禽子考公酋弟煬公熙子幽公宰弟魏公貴子厲
公翟子獻公具子順公濞弟武公（敖字）懿公戲弟孝公稱子惠公弗皇子隱
公息姑弟桓公允子莊公同子閔公開兄僖公申十七年之魏公世本作徽
公順公一作愼公

注并正義意　似經脫宋字然而如本可讀歟

䤘百

古獲文本作或䤘百人者人衍字

鬚字文作𩯭㣇千反

ムクヒトアレ

江説云々

正云賈逵以為白頭貟十五年華元為右師雖出卅一年
計未得頭白故杜以為多鬚貟亦是以意言耳

正説文睅大目也目大則出見故為出目也睴是眼之出狀
以大為異故為大眼也

家説 又説
能欲諸侯而惡其難乎　欲得諸侯豈棄鄭不救乎
古説 ホル シ
或説 ホス タラニン 難言何假一救鄭之功爲諸侯乎

獒 五羔反杜云猛犬也尚書傳云大犬也
尒雅云狗四尺為獒説文云犬知人心可使者

家説

他日我如山與常畏味

傳間文倒錯隨文義各讀正之然者此秋字可讀入

正處是鄭地故云卒於境外黑壤以二年始立而云四與文
盟者杜注春秋乃為釋例前後經傳勘當備盡豈晉侯二
年始立不文公之世而云四与文同盟也是後寫之誤范氏亦
以為然劉炫以規杜非也其君卒或書地或不書地皆從赴
令云卒於境外故書地者據晉侯實在境外卒非以為例也

或本勘本
後漢書无
師説也

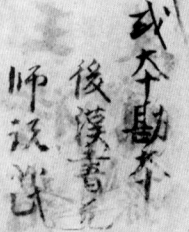

九縣
莊十四年滅息十六年滅鄧僖五年滅弦十二年滅黄二十六年
滅夔文四年滅江五年滅六滅蓼十六年滅庸傳稱楚武王克權
使鬬緡尹之文稱文王縣申息凢土國不知何以言九

沈尹
誰人乎孫叔敖歟可勘後漢書注

舟中之指可掬事　見公羊傳第七

愚案　散文大外史

履及於窒皇劒及於寢門之外車及於蒲胥之市者楚子怒徒歩

而急走圍宋故特履之者追及窒皇持劒之者追及寢門之外乘車

追及市也

此事粗見義并晉書熊遠傳　列傳四十一　昔宋殺元畏莊王奮袂

而起衣冠相追於道里軍成宋城之下云々

正曰魯世家云成公名黒肱宣公之子穆姜所生以定王十七年即位謚法
安民立政曰成釋例曰討公衡之年成公又非穆姜所生不知其母何氏也
案宣元年夫人婦姜至自齊即穆姜也至此始十八年耳二年傳稱公
衡為質於楚公衡成公子也既堪為質則其年已長成公若是穆姜之子
未得有成長之男

康公上云引　至無備事
正宣十年經書王季子來聘傳言劉康公知即季子也傳
言平戎於王戎必遣使詣周受平但康公要戎者非要平還之
使單使來平不足伐也欲伐其國可以來平之日設備襲周今既
平矣戎必无偹假其无偹將遂往伐之云々

膊磔事

正周礼掌戮掌斬殺賊諜而搏之鄭玄云搏當為膊諸城上之膊字之誤也膊謂去衣磔之方言云膊曝之

皆不對事、

匹子者循行孫子其言並告諸將言皆不對者孫子与篇相向

會皆不對又曰子國卿之乃專与孫子言可

一五七五

若之トイヘヨリ至事也事

正義云郤克云余病矣言也已上不堪擊鼓欲有退軍之意故責之云如之

何其以身病故欲廢敗君之大事也

一五七六

援枹而鼓事

正義説文云援引也枹擊鼓材（枚イ本）也援枹而鼓之謂引枹以擊鼓

居中上云引　至在左事

正韓厥為司馬亦是軍之諸將也以夢之故乃居中為御明其

大夫不當中先非御者若御不在中又不須代御以此知自非元帥其（云个）

餘軍之諸將皆御者在中將在左也

一五七七

肯肘之事

正義文云肘臂節也謂左右為之處故以肘排退之

一五七八

韓厥俛定其右事

正言此者以下丑父与公易位由厥之俯故不覺其易其余母張蓋

助厥定右故並不見之

一五七八

轏士車事

正周礼巾車士乘棧車鄭玄云棧車不革鞔而漆之考工記輿

人云棧車欲弇鄭玄云為其不革鞔不堅易坼壞也則弇者謂

坼

上狭下闊也轏与棧字異耳

重耳卜去リ至求之事

正劉炫以為晉侯三入晉軍又三出晉軍以求亡又每出之時晉之將帥（師ｲ）敗而怖懼以帥而退不待晉侯致使晉入于狄卒今知不然者以傳文三入在前三出在後若（用此説ｲ）晉侯先在晉軍今入晉軍得〻三入在前（時ｲ）今晉侯既先在軍欲出求亡文應先出後入不應先入後出且初侍二（出ｲ）容有二入（ｲ无）在後之（故ｲ）也遂入狄卒有亡無入何得云三入又以傳文師帥（帥ｲ）為字其字（二字ｲ元）分明杜以為晉侯每亡晉師以帥屬退者每亡之文別自為義不計上之三亡劉君不達此旨妄規杜失非也

葉爾同 トスヨリ 至類也乎事

正葉爾同叔子非他人是寡君之母也若以匹敵言之則亦晉君之母也吾子布大命於諸侯而曰必質其諸侯之母以為信其君者王命何先王之命諸侯也使之孝於母親其類今輕惕其母不愛同類即是違王命也奈此王命何乎今輕蔑晉侯之母亦是輕蔑晉侯之母自輕其母則是不孝且告語諸侯云以母為質是以不孝之事令諸侯也詩之意言孝子爾行不為匱乏之道故以孝道長賜女之族類諸侯皆晉侯之類晉侯皆以孝道德賜同類若以不孝之事号令諸侯其无乃非是以孝德賜同類乎責違孝道也所引詩者大雅既醉之篇

一五八九

王トヱヨリ　至之欲事

正禹湯文武四王之王天下也立德於民而成其同欲民有所欲上即同之東畝南畝皆順民意五霸之霸諸侯也唯勤勞而撫順之以奉事王命而已不改王之制度也吾子求合諸侯以快其无疆畔之欲上求自快己欲不与民同是違王霸之政也

一五八九

晉伯トヱヨリ　至晉文事

正鄭語云祝融能昭顯天地之光明其後八姓昆吾為夏霸矣大彭豕韋為商伯矣論語云管仲相桓公霸諸侯昭九年傳云文之霸也豈能改收是三代有五伯矣伯長也言為諸侯之長也鄭玄云天子衰諸侯興故曰霸也把也言把持王者之政其字或作伯或作霸

藉薦復白也事

正礼承之[玉イ]物名為繅藉則[藉イ]是承薦之言故為薦也復者報命於君故

為白也[言イ]无物則空口以報必有所得則与口為藉故云藉口服虔云今

河南俗語治生求利必有所得皆言可用藉手矣

賜三トミヨリ至一命之服事

（周ィ）正同礼典命云之孤四命其卿三命其大夫再命其士一命侯伯之卿大夫士

亦如之此三帥皆卿也本國三命故魯賜以三命之服司馬司空輿師候

旅正亞旅皆大夫也（先ィ）大（本ィ）國一命故皆受一命之服於卿言賜於大夫言受互相

（見ィ）足也周礼大夫再命此司馬司空等皆一命者春秋之時其事已異於（周ィ）同

礼故大（周ィ）夫一命

三師トミヨリ至之物事

正三卿各統一軍故總稱三帥魯君之賜臣已（晉ィ）越正可知其法所得服（改ィ）狀新

以与所云

一五九五

晉司トミヨリ　至侯賜事

正司馬司空ニ本ト是卿官之名但晉之諸卿皆以三軍將非ヲ為号其司馬司空ニ皆為大夫之官仍有卿之號故云晉司馬司空ニ皆大夫也明他國以為卿晉以為大夫也娯所至於亞旅本ト是大夫官名故云亞大夫也云云

一五九六

焼蛤トミヨリ　至從葬事

正云劉炫以為用蜃炭者用炭復炭今知不然者杜以傳蜃炭裝故知焼蛤為炭又且炭以類雖炭皆稱炭劉君以為蜃復用炭而規杜氏非也

一五九六

重猶多也事

正重謂重疊故猶多之為盟器也云云

一五九六

四阿トミヨリ　至王礼事

正周礼匠人云殷人四阿重屋鄭玄云阿棟也四角設棟也是為四注云云槨此四阿輸猶皆是王之礼也蜃炭言用且是本不當用其蜃炭盖是王之礼也車馬器備法得有之言益以以言重但識其多所

重猶トミヨリ　至

一五九七

若言何用臣爲事
正言何用爲臣足不成臣之言雖有若無劉君遂以爲不成臣與杜
義無别而規杜氏非也

一五九七

哭於至以葬事
正哭於大門之外謂大門外之西東面衛人送之謂大門外之東西面各
從賓主之位婦人哭於門内謂門内之西東面以堂上在西東面故也
至於三子之去衛人送之其位亦如之自此有鄰國吊者常行此礼云云

一五九八

婦人哭於堂事
正喪大記云君之喪夫人坐于西方内命婦姑姉妹子姓立于西
方外命婦率外宗哭于堂上北面又曰婦人迎客送客不下堂邑
喪位婦人哭於堂

禁錮勿令仕事

正說文云錮鑄塞也鐵器穿穴者鑄鐵以塞之使不漏禁人使不得仕官者其事亦似之故謂之禁錮今世猶然

遺之也事
〻私竊為盟〻終不固此盟是遺之之道也傳既言遺盟以辭名ハ　經文自辭　已上四字ヿ
名曰遺遺盟之意於是辛畏晉而竊與楚盟故曰此是遺之之盟也
諸侯之卿竊與楚盟而仲尼貶之言其不應背晉故責之也責
諸侯（之ヿ）背晉是成晉為盟主也

三年上ヨリ至哭之事
以公羊傳曰新宮者何宣公之宮也宣宮則曷為謂之新宮不忍
言也其言三日哭何廟災三日哭礼也穀梁傳曰新宮者禰宮也三日
哭哀也其哀礼也迫近不敢稱謚恭也二傳皆以新宮為宣宮三日
哭為得礼故杜依用之宣公以其十八年冬十月薨至二年十月而大
祥〻而禘祭神主新始入廟故謂之新宮礼檀弓記曰有焚其先人之
室則三日哭故曰新宮火亦三日哭鄭玄云謂人燒其宗廟新宮火人
火也記稱新宮火者指此新宮災自傳例曰天火曰災人火之家經傳
曰火
有五字皆為災鄭玄以為人火雖非其義要天火人火其哭皆當三
日是其為得礼也哀三年桓宮僖宮災不言哭而此言三日哭者釋
例曰新宮者宣公之廟又廟也諒闇始闋而遇天災故感而哭之以
致哀異於餘廟也

伐廧咎如赤狄別種

此注下可讀入廧咎如潰四字傳亡義其義分明

然則德我乎事
正德加於彼〻荷其恩故謂荷恩為德論語以德報德傳稱壬德
狄人皆是也

死且不朽事

言懐荷君恩身雖死而朽腐然恩不朽腐也死尚不朽以示其

至死不忌也

宣十トミヨリ至討之事
已謂赤狄餘民散入咎如之内（如イ无）今伐咎如者來就咎如之内討彼赤
狄餘黨并廧咎如容赤狄餘民則咎如亦赤狄矣劉炫以為廧
咎如之國即是赤狄之餘今知不然者以赤狄之國種類極多潞氏
甲氏鐸辰皐落氏等皆是其類並為達國假令潞氏甲氏鐸
辰皐落雖滅自外猶存則是不滅者多上應言討赤狄之類
不得稱餘且伐者聲其鐘鼓討者責其罪狀以廧咎如容受赤
狄餘黨故伐而討責若以廧咎如即是赤狄之餘應取土地
興兵絶滅何當唯伐討而已劉以廧咎如即是赤狄之餘而規杜非
也

此傳ト云ヨリ　至四字事

正傳言上失民也釋經潰文若經無潰文則傳無所解故發經闕此
四字釋例曰傳云齋各如潰上失民也今经但言伐齋各如無齋各如
潰之文若經本無此文則正明為横益經文而加失民之傳也是言
知經闕之意也文三年潰逃已有例矣復發傳者嫌夷狄異於中
國故重發也

春秋トヱヨリ　至小國事

正古制公為大國侯伯為次國子男為小國以土地之大小命數為等差
也春秋之世彊陵弱大呑小爵雖不能自改地則以力并降諸侯聚
會彊者為雄史書時事大小為序此事不可改易仲尼即而用之宋
公在齊侯之下許男在曹伯之上不復計爵之尊卑故衛雖侯爵猶
為小國以地狹小故也襄二十五年傳子産論晉曰今大國多數圻方　矣圻
千里是晉有方千里者三四也昭五年十三年傳皆言晉有革車四千
乘計衛比於晉不過當五六分之一耳故不得為次國其為次國者當齊
秦乎

一六三七

韓厥トスヨリ至六軍事

正杜知韓厥為新中軍及上下新軍將佐者以下六年傳云韓厥將新中軍且為大夫時晉更増置新中上下三軍韓厥將新中軍者居其首故杜依為能其將佐

一六三七

將授玉事

正玉謂所執之圭也凡諸侯相朝於堂授玉於兩楹之間於此時郤克趨進故記之也史記齊世家曰頃公十一年晉初置六軍頃公朝晉欲尊王晉景公讓不敢然此時天子雖微諸　景公不敢當晉世家云景公十二年齊頃公如晉欲上尊景公為王景公讓不敢然此時天子雖微諸侯並盛晉文不敢請隧楚莊不敢問鼎又齊又齊弱於晉所較不多豈為一戰而勝便即以王相許準時度勢理必不然竊原馬遷之意所以有此說者當讀此傳將授玉以為將授王遂飾成為此謬辭耳

一六四〇

冬城鄆事
正釋例土地名曾有二鄆文十二年城諸及鄆杜云此東鄆莒魯所
爭者城陽姑幕縣南有員亭或曰鄆即員也成十六年傳晉人
執季文子公待于鄆杜云此西鄆昭公所出居者東郡廩丘縣東有
鄆城然則此為公欲叛晉故城鄆以為備當西鄆也

一六四一

適嗣君也事
正元年公孫敖如齊傳曰始聘焉礼也凡君即位卿出並聘踐脩
舊好要結外援好事鄰國以衛社稷忠信卑讓之道也其事與此
一也謂君初即位聘鄰國自在魯而出謂之始聘自外而來謂之
適嗣君言彼君嗣位以來未與魯通於此始通之也

汜祭卜五月　至汜水事

正柱注熒陽中牟縣有東汜襄城縣有南汜知此汜祭非彼二汜而以

成皐縣東有汜水者以傳為晉伐鄭取汜祭既為晉人所取當是鄭

之西北界即今之汜水也字書水旁已為汜字相乱也漢書音義亦

為汜今水上源謂汜谷

水旁已為汜

一六四六

五年杞姬來歸事

正杞既出之猶稱杞者雜記曰諸侯出夫人〻〻比至于其國以夫人之礼行

至以夫人入鄭玄云行道以夫人之礼者棄妻致命其家乃義絶不用此為始

一六四七

記異也事

正公羊傳曰梁山崩何以書記異也公羊以為非常為異害物為災此

山崩無所害故為異也

嬰夢事

正杜（イモ）媑若（告趙イ）嬰使人致王自若（告イ）貞伯從人也君若（告イ）趙嬰使人不得返（云イ）神

福仁而禍淫

一六五〇

野饋トヨリ　至大國事

正釋詁云饁饋也也孫炎曰饁野之饋也彼言野饋〻田農在野人

此言野饋〻在野行路〻人俱是在野皆次野言〻謂餫者言其

運糧之餫自送女而往饋〻之者敬大國也

一六五〇

捷邪出事

正捷亦速也方行則遅邪出則速楚辞謂邪行小道爲捷徑是捷

爲邪出也

一六五一

車无文事

正周礼巾車掌王之五路皆不言車有文飾其下服車五乘孤乘夏篆卿乘夏縵大夫乘墨車鄭玄云夏篆五采畫轂約也夏縵五采畫之无篆耳墨車不畫也孤之車尚有篆約明諸侯之車必有篆飾詩所謂約軝錯衡是其事也乘縵車无文蓋乘大夫之墨車也覲礼侯氏乘墨車乃朝鄭玄云墨車大夫制也乘之者入天子之車國服不畫同彼為通王尚乘墨車明此山崩降服之當墨車也

一六五一

舎於郊事

正僖卅三年傳秦伯以師敗於殽素服郊次此言出次明亦次於郊也文四年楚人滅江秦伯為之降服出次注云出次避正寢与此文互相見也

一六五五

[illegible]

定王崩十八字事

衍字既无其疑云可讀之理但經家之書皆讀注讀棄此八字者杜注円不可讀仍猶可讀之何况正義之文疑而不去乎或說傳并注不可讀云々

一六五五

衍文事

正傳不逐年經文此无所明又上下倒錯諸家之傳文中无此言必也衍長杜以疑事勿質不敢輙去之耳

魯人上ヨリ　至後世事
正云公羊傳曰武宮者何武公之宮是立武宮爲武公廟也武公是成公九
世之祖其廟毀已久矣今復立之以爲不毀之廟礼明堂位曰魯公之
廟文世室也武公之廟武世室也言其世世不毀曰剝壞以爲直立武公之宮不
築武軍令知不赴者以下傳云聽於人以救其難不可立武宮由也非由人是丘
明識魯立武以章武功明非徒築宮而已宣十二年潘　請築武軍楚
子云武有七德我　一焉武非吾功道不敢築武軍　以明武功此則
丘明識其章武功明之築武軍也若其唯築武宮傳應云不可
以立武宮不得單稱武也劉以爲唯築武公之宮而規杜氏非也

宣十　至議之事

正服虔云案之義禱武宮以求勝故立其宮案定元年傳昭公出

故季平子禱於煬公立煬宮此者爲禱而立何以不言禱也元凱

之說故不可從

一六六一

沃饒上表ヨリ至共也事
正上田良波五穀饒多民豐則多國利則多則君樂其處奇共
鹽鹽也猗氏縣鹽池是也事
正説文云鹽河東鹽池也袤五十一里廣六里周一百十四里字從鹽省
古聲然則鹽是鹽也鹽名鹽雖是鹽唯此池之鹽獨名為鹽餘不名
鹽也
鹽

一六六二

土薄水淺事
正下云土厚水深居之不疾此云土薄水淺其居則多疾以此知惡是疾
疢也尒雅訓覯為見杜以惡是疾疢之疢覯見之物唯若其疢成可
故訓覯為成言其疢易成由水土惡故也

一六六二

十世〻利

[illegible][illegible]親成事

正[illegible][illegible]易成則下民愁苦民既愁苦則必亂〻困〻而謂[illegible][illegible]者方

言云蟄下也地〻（之）下濕狭隘猶人〻（之）亂衰困苦故杜以蟄隘為亂困

隘

一六六三

十世利事

正民有災患則不暇從上无災患（患則）從教化十者數〻（之小）中成故云

十世〻利

隘

財易致則民驕侈事

正魯語敬姜云昔者聖王之處民也擇（擇）磽土而居之勞其民
而用之故長王天下夫民勞則思〃則善心生逸則淫〃則忘〃
善〃則惡心生沃（沃）土之民不材逸也磽土之民莫不向（向）義勞也敬
姜此語自足激發之緒未必聖王盡然要之有此理也太（大史）史公書稱
武王克殷患（患）殷民富（富）侈太（史）公曰太者晉原葬以破其產為其富而
驕佚故設法以貧之也管子曰倉廩實而知礼節衣食足而
知榮辱讓生於有餘争生於不足論語稱孔子適衛欲先
富後教為其貧而无恥欲營生以富之（之）也此皆觀民設教故
其理不同若遷都邑臨（臨）則民皆（皆）商販則富者益富驕侈而難
治貧者益貧飢寒而犯法且貧者資富而致貧富者削
貧以（而）為富為民之富乃足際民之貧欲使之貧富均而勞
逸等之

近寶則民不務本事

已農業民之本也商販事之末也若民居近寶則棄本逐末

廢農為商則貧富并若貧富兼并則貧多富少貧者亡

財以供官富者率以倍稅賦稅少則亡室貧也

[illegible]

子佐十一人事
正服虔云是将欒書将中軍荀首佐之荀庚将上軍士燮佐之
郤錡将下軍趙同佐之韓厥将新中軍趙括佐之功𩰾州将
新上軍韓穿佐之荀雅将新下軍趙旃佐之

商書洪範事
正武王克殷始作洪範今見在周書傳謂之商書者以箕子商
人所陳故也

鼷鼠事

正釋獸云鼷鼠李巡曰鼷鼠一名。奚曰鼠有螫毒者也故下牛
下又重言鼷鼠又食其角不重言牛者何休云言食淇角是牛可
知後食牛者不改前鼠改重言鼠改下被食角者言乃免牛則
前食角者亦免之矣絶下一免者文也

曹宣公来朝事
正嵗及(文イ)八年洺(傳召)桓公来賜公命並无所解釋而虚載經文者釋例曰
其經傳事同而異文者或告命之辭有差異或氏族名號當須
互見此溢(蓋イ)須互見名号故舉之也

偏兩事
正以兩之一謂將廿五人也文言卒謂吏將百人也言之者婉由目凡將 婉句
一百廿五人適吳矣舍偏謂舍一偏之車九乘也兩之一焉又舍廿五人
也凡舍九乘車廿五人与吳矣發首言兩之一者為舍此兩之一故先
言之文言卒者見巫臣所將非唯有一兩也司馬法車九乘為偏十五
乘為大偏傳言偏者不言大留是留九乘車矣唯言留車一偏不見
元將車數不知去時將幾乘也並明為傳雖皆易解且攝塞
泯或本誤文藕氏云舍九乘車以六乘車還則以去時為十五乘
車傳不言者以舍既稱偏明去時有車可知傳從省文沈氏云晉
使未有將兵車者今此將將兵車為方欲教吳戰陳故与常不同

晉反戚事

正傳言晉反戚焉則是戚已屬晉者襄廿六年衛孫林又入于戚以叛此不言

叛故解之戚是孫氏世所食邑林又出奔之後戚自從隨而屬晉非林

又入而将去故不言叛也

媵事

正荘十九年公羊傳云媵者何謂諸侯娶一國則二國往媵之以姪
娣從姪者何兄之子娣者何弟也諸侯一娶九女是諸侯娶適夫人
及左右媵各有姪娣也傳云同姓媵之異姓則否是夫人与媵皆同
姓之國也魯衛同姓故來媵之釋例曰古者諸侯之娶適夫人及
左右媵各有姪娣皆同姓之國之三人凡九女参骨肉至親所
以息陰訟以廣繼嗣也當時雖无其人必待年而送之所以絶望
求塞非常也雖稱愆過不敬故遣人支隨之以謂之媵所以將謹
敬之實也夫人薨不更娉必以姪娣媵継室之一与之醮則終身不二
所以重昏姻固人之倫之義既固上足以奉宗廟下足以継後世此
夫婦之義也　固

一六八五

餞事
正大雅韓奕篇云韓侯出祀（祖）出宿於瘠（屠）顯父餞之清酒百壺是餞為
送行飲酒也

一六八五

大國制義以為盟主事
正義者宜也事得其宜謂之為義汶陽之田一上（宜）其歸魯是歸魯為義
歸者不義大國制其義亦以及諸侯盟主也

信以トイフヨリ　至解體事

正言之有義事乃行是信以行義之事必以義命乃成就故義成命

也杖信以行義ナリ以義而命諸侯故小國所以望而歸之懷歸也言而

无信々不可知所命非義則義者无所立如是則四方諸侯其誰不解體

謂ナリ晉之心皆疎惕也云々

詩曰トイフヨリ　至言之事

正云〻言王者〻所圖謀其事未能長遠我以是故用大道諫王行

又今久懼晉之不能遠圖而自此以共諸侯是以敢私言之私布此

言即是有謀也　諫

趙武トヱヨリ　至畜養食事

正史記趙世家云趙朔娶晉成公姊為夫人案傳趙衰適妻是文公
之女也若朔妻成公之姊則是文公之女文之從母不可以為妻也且文公
之卒距此卅五年（六年）莊姬此時尚以不得為成公姊也賈服先儒皆以
為成公之女故杜從之史記又稱有屠岸賈者有寵於靈公此時始
司寇殺過誣趙有致君之事誅趙氏殺趙朔趙同趙括而滅其族案
二年傳（欒）京書將下軍則於時趙朔已死矣同括為莊姬所譖此年
見殺趙朔不得与同括俱死也於時晉君明諸侯強死者有屠
岸賈（得）輒爾其間得如此專恣又說公孫杵臼取他兒代武死稱
嬰（匿）遂武於山中居十三年（五）自晉侯有疾韓厥乃請立趙立趙与（武為趙氏後）
左傳皆違焉遷妄說不可依也

遷

莒子事

正十四年莒子朱卒知渠丘公即是朱也渠丘莒之邑名莒襄不常（當）

有謚（謚）或作別号此朱以此洙以邑名為号不知其故何也

惟然故多大國事

正俗本作唯令定本作惟

雅

衛人來媵共姬事

正膏肓以為媵不必同姓所以博異氣今左氏（傅）異姓則否十年晉
人來媵何以无（貶剌）之文左氏為短鄭箴之云礼（雑）納女於天子
云倫（備）百姓於國君云納滴將（將水）不泣一边姓是不博異氣也晉是大國（得去百）
今來媵我得之有榮不得（貶）也

斉侯無野卒事

正无野以宣十五年即位云々

杞桓公事

已長歴此年閏十一月傳城中城文在十二月上而之書時也則邑国

月城之国月半後即邑十二月節故孔晉已上而城得時也

水ミ

正

之是

一七〇六

南冠事

正應劭漢官儀云法冠酒柱後冠〔一日柱〕左傳南冠而縶則楚冠也秦滅楚以其冠賜近臣御史服之即今解豸冠也古有解豸獸觸〔ソク〕不直者〔執憲〕故象以其角形為冠令觸〔ソク〕人也

一七〇七

泠人事

正詩簡兮序云衛之賢者仕於泠官鄭玄云泠官樂官也云々遭語〔魯語〕云泠簫詠歌及鹿鳴之三此稱々泠官竟泠為樂官之名也〔陳〕〔泠人詩稱〕

稱大子抑無私事

正楚王既爲君矣不言爲君時事而遠稱太子者君言爲君時事改名嫡

爲君隱惡或疑已在君位矯情爲善舍其當時近事遠稱太子

小者未爲君時不須隱蔽以示王佳自然言其德然此以明己之至

誠无所私也

浹辰事
正浹謂周匝也從甲至癸為十日從子至亥為十二辰周礼縣治象
浹日而斂之謂周甲癸十日也此言浹辰謂周子亥十二辰故為十二
日也

無弃菅蒯事
正釋草云白花野菅郭璞曰菅茅屬陸璣毛詩疏云菅似茅滑澤無
毛韌宜為索漚及曝尤善蒯与菅連文菅之類喪服疏屨傳曰
藨蒯之菲可以為屨屨如菅菲可以代絲麻之乏故云无弃

一七一五

卜郊事論〻 頭
正曲礼謂卜至五旬之外曰遠某日旬之内曰近某日則卜者無旬已下傳
稱啓蟄而郊則周三月郊之大明也云〻卜者當是正月三卜四月又三卜
皆不吉乃正也傳卅一年傳云礼不卜常祀不應卜而卜不以吉也

一七一五

晋侯　至之禮事
正如傳文知晋侯是太子也漢末有汝南應劭作舊名諱議云昔者周穆王名
滿晋厲公名州滿又有王孫滿是同名不諱則此為州滿或為州蒲誤耳
今宣本作滿傳云無諱又知謂其生代父位決人子之礼者傳稱凡在喪公侯
曰子父喪代位尚不稱君生代父位譏之也矣卓言立太子以為君嘗議
則不須此傳也其譏之意也
卜郊事論〻 頭

一七一五

丙午晋侯獳卒事
正獳以宣九年即位云〻

晉侯夢大厲被髮及地搏膺而踊曰殺余孫不義事
正鬼怒言殺余孫必湏杜死之祖景公即位以來唯枉殺趙同趙
括故知是趙氏之先祖也趙氏先祖其人非一鬼不自言名不知誰
之鬼也太平王上明主趙夙晉語云趙衰趙夙之弟則括之祖公明
是也服虔以為公明之鬼凡為復厲之鬼皆是妖邪之氣未如
負芑被人殺杜不請指行

膏肓事

正此賈逵之言杜依用之也古今傳文皆為膏肓之下賈服何休諸儒

等並皆以為膏肓雖殼者為脂擇者為膏肓其實殼者並曰膏肓故

内則云小切狼臅膏則此膏肓則謂連心脂膏也劉炫以為擇者

為膏肓連心之脂不得稱膏肓以為膏肓當為膏肓改易傳文而規杜

過非也

殺叔申叔禽事

正此无文也以禽与申倶死当是坐其兄知兄弟也（兄弟 兄）

依正義可讀從祖兄弟歟　但家說無此讀　古本有此說
正曰案世本郤豹生冀芮々生缺々生克也又云豹生義々生步揚々生州々郤犫
也如彼文則犫與克俱是豹之曾孫當為從祖昆弟服虔以為從祖昆弟社
去從父昆弟或父當為祖字誤耳

正日傳言文贄往来謂聘使来去也聘礼賓執圭以通命執幣以致享故知贄是

幣謂聘享之幣也

注擊鍾而奏樂

正曰作樂謂之奏〻樂之擊鍾云〻

一七四九

注扞蔽至其民

正曰扞者扞禦寇難故爲蔽也言燕享結好與鄰國通和甲兵不興人得安息

所以蔽扞其民若如城然故云所以扞城其民也

正曰公本為伐秦道過京師因往朝王不稱朝而言公如京師者以明公朝于王所
王不在京師故指言王所據王言之不得不稱朝此則王在京師京師是國之惣
號不斥王身不可稱朝故依尋常朝聘鄰國之文稱如而已

疋曰幹以樹木為喩基以牆屋為喩樹木以本根為幹有幹故枝葉茂焉牆屋以下土為基有基乃牆屋成焉人身以礼敬為本必有礼敬身乃得存郤子無基則亦無幹但言有所局不復得言幹耳

正曰宜者祭社之名脤是盛肉之器受脤于社受祭社之脤肉也周礼掌蜃祭祀共
蜃器之蜃鄭玄云飾祭器之屬也春秋定十四年秋天王使石尚來歸蜃〻之
器以蜃飾因名焉鄭衆云脤可以白器令色白是盛以脤器故曰脤也既言宜
社又自解宜名釋天云起大事動大衆必先有事乎社而後出謂之宜孫炎
曰有事祭也宜求見祐也是宜者出兵祭社之名

正曰闕為缺損翦謂滅削言欲損害晉之公室

我寡君

雖杜氏説頗有其疑下句有寡君不敢之文上文有我君

景公之詞之敬也然而杜氏之説不可疑仍猶可讀寡人也

墻咎如 端巻ニ背モヤウキウモヨト讀今反音 有文ノ音可勘之

一七八二

正曰世本孫氏出於衛武公至林父八世是同姓也

正曰兕觵罰酒之爵言古之王者與羣臣燕飲無失礼者用兕觵之爵其觵然空
陳設之無所可罰在席飲美酒者皆能思柔順中和故不用也彼飲燕君子與人
交接非有傲慢之心故萬種福祿求來歸之

正曰節猶分也人生天地之間性命各有其分聖人達於天命識己知分若以歷數
在己則當奉承靈命不役拘君臣之交上下之礼舜禹受終湯武革命是言達
節者也若自知己分不合高位得而不取與而不受子臧季札衛公子郢楚公子閭
如此之類皆守節者也下愚之人不識己分偸張妄作取非其理干紀亂常如
此之輩古今多矣刑呼無知之等皆失節者也子臧自以身是庶子不合有國
故言為君非吾節也雖不能為聖敢失其守節者乎

實不出奔欤

一八〇三

正曰襄元年傳謂此五人爲五大夫故除去魚石謂之四大夫也彼四大夫所以不
書者宋人獨以魚石告不以四人告也

正曰魯語曰大刑用甲兵其次用斧鉞故大者陳之原野小者致之市朝則征
伐之政〻〻大者刑不正邪而苟快意云〻

正曰兵車唯元帥在中御者在左也其餘將帥皆御者在中將帥在左也左右

執兵而下唯御者持車不下耳

注㰝舉也

正曰説文云㰝舉出也公在於淖知㰝當訓爲舉也潘尩之黨

之黨 一本作潘尩之黨 手 案注之黨潘尩之子也則傳文不得有子字

古本此及襄二十三年中鮮虞之傳執 皆無子字

注言君至今𧫷
正曰周礼大祝辨九拜九曰粛拜鄭司農云粛拜但俯下手今時𧫷是也說文
云𧫷舉手下手也其勢如今揖之小别晋宋儀注貴人待賤人〻〻拜貴人𧫷

門旌於殹中

正曰旌謂鄭伯所建之旗殹是盛旌之囊也周礼全羽為旞析羽為旌謂罝連鳥羽者也但九旗竿首皆有析羽故旌為之總名故此傳鄭伯與子重所建皆以旌言之其鄭伯所建當是交龍之旂子重所建當是熊虎之旗周礼中秋教治兵辨旗物諸侯載旂軍吏載旗鄭玄云軍吏諸軍帥也凡旗有軍衆者畫異物無名帛而已子重為將自然當建熊虎之旗

注九月至史文
正曰傳例啓蟄而郊今九月郊祀是非禮明矣公羊傳曰用者何用者不宜用也
九月非所用郊也穀梁傳曰夏之始可以承春以秋之末承春之始蓋不可矣九
月用郊用者不宜用也

論語云子曰云〻邦无道危行言遜

遜順也厲行不隨俗

順言以遠害也

一八七七

漢書地理志上云應劭曰隆慮山在北避後漢殤帝名改曰林慮也師古曰慮音廬

一八七七

晋時不可避後漢帝名然而改名之後更不可讀本音故可棄之

攙及音者可讀チイヽ而舊説タ[illegible]
諸經多ノ有此讀毛詩菟罝タイ

正曰周礼大行人上公貳車九乘侯伯七乘子男五乘 謂生時副貳之車也其送葬
亦當如之今唯一乘是不以君礼葬也以晉是侯爵故稍言侯礼七乘耳諸侯
各依命數不是皆七乘也

一九〇一

正曰杜世族譜於齊國雜人之中有華免而無士字此注以華免為大夫則士者為
士者為士官也士官掌刑云云

旨傳二十八年晉作三行三十一年即罷之以為五軍其置三行无多少年歳被云屠擊
將右行未知此人即屠擊之子孫也為邑其祖代屠擊也臣以荀林父將中行遂以
中行為戎故謂此人之丈將右行曰以為戎耳

云曰所訓勇力之士皆謂為車右者也設令國有千乘之有一右摠使此官訓之勇力
之士共於强暴如魏犨之徒不順上命故訓之使共時之使不犯法也

正曰大國三卿邑正注當時晉置六卿爲三軍之將佐皆邑帥也於邑晉又更置新軍
凡有四軍八卿但新軍或置或廢故傳不數之耳六官之長非獨卿也乃謂其下凡爲
人之長者皆有民之美譽故總舉六官則知羣官無非其人者也

一九〇八

疏曰所舉用者皆堪其官不有共職者也文任文官武任武官其用為官各守其業不踰易其方也若文人為武武人為文則違方易務不能守其業矣

一九〇八

疏曰傳言不陵不偪者皆謂下不陵偪其上旅卑於師師卑於正知正是軍將命卿也唯舉師旅不相陵偪言上下有礼皆不相陵偪也

一九〇九

疏曰霸者把也把持王政鄭玄云天子衰諸侯興故曰霸霸夏有昆吾商有豕韋大彭周有齊桓晉文此最彊者也故書傳通謂彼五人為五霸耳但霸是彊國為之天子既衰諸侯無主若有彊者即營霸業其數無定限也而何休以霸不過五不許悼公為霸以鄉曲之學足以惑人傳稱文襄之霸襄承文後紹繼其業從後漸弱至悼乃彊故云復霸

注正軍至陵偪

夷庚

云曰夷庚平也詩序云夷庚萬物得由其道是以庚爲道也此云以塞

夷庚下云爲懼吴晉知謂塞吴晉往來之要道也吴晉往來路由彭

城楚取彭城以封魚石欲〻絶吴晉往來之道使其不得往來故吴

晉所以懼耳若其不然何以獨云懼吴晉也夷庚上謂吴晉往來之

平道耳非山川險難之名故杜以地名不得指其所在

正義曰詩云載驟駸々驟是疾行之名稷魯卽疾朝于晉也

肆夏一名樊

國語云金奏肆夏樊遏渠杜遂分為三夏之別名呂叔玉云肆夏時邁也

樊遏執競也渠思文也

縣門發若偪陽人開門入諸侯士[一]更

因門之意歟

秦人欤如鄭丘緩欤

秦堇父　秦丕茲

但下有子秦不茲以秦為姓欤

此載書晉范宣子作以

謂五年會戚又會城棣救陳七年會鄬八年會邢丘九年盟于
戲十年會柤又伐鄭戍虎牢十一年同盟亳城北又會蕭魚

叶注意

一說　恐爲秦所禽獲故大還歸其師

或說　晉恐秦乃天命晉師歸秦俘獲

常讀也

弗先必死

而釋文未〻薦及云〻セイメヽスハ欤如何但注音欤

注踰月而葬速
正曰四年七月夫人姒氏薨八月葬我小君定姒纔踰月耳杜云踰月而葬速
也今晉悼往年十一月卒此年正月葬積三月也杜亦云踰月而葬者踰越也
所越有多有少俱是踰越之義故杜弘通而觧也

注不書至故也
正曰傳於會溴梁之下晉侯與諸侯宴乃言高厚逃歸則高厚會訖乃逃
也於會不書齊者以高厚逃歸晉人怒之諸侯即有伐齊之志不與高厚
得為來會公歸告廟歴告所會不告高厚故不書也

注諸大至可知
正曰公羊以爲湨梁之盟君若贅旒然穀梁云不曰諸侯之大夫ミミ不臣也皆以爲
此時諸侯微弱權在大夫諸侯皆在而大夫自盟政教約信在於大夫其事不由
君也不曰諸侯之大夫者刺大夫不臣也賈服取以爲說言惡大夫專而君共稚也
案傳荀偃怒使諸侯大夫盟高厚以君臣不敵故使大夫盟之君使之盟非
自專也以晉人既有二心高厚歌詩不類知小國必有從晉者也諸侯大夫奉
意欲盟高厚ミミ雖已逃歸切恐餘國有之故大夫遂自共盟使同會之國
皆一其志也雞澤之會文隔袁僑如會故重言諸侯之大夫今此間無異事直言
大夫即是上會諸侯之大夫不言諸侯以可知故也

二三九八

注邾莒至乱也
正曰十二年莒人伐我東鄙十四年莒人侵我東鄙十五年邾人伐我南鄙是邾
莒二國數侵伐魯也諸侯不得相治故成十五年晉侯執曹伯僖二十八年晉人
執衛侯皆書歸于京師此言以歸乃是自歸晉國故非礼也

注荀偃在下
正曰春秋之例征伐則主兵者為先雖大夫為將諸侯從之亦以主兵為
先傳二十七年楚人陳侯蔡侯鄭伯許男圍宋是其事也但礼卿不
會公侯會伯子男可也方示叔老可以會鄭伯故退荀偃於下所以特
見此義故發傳云為夷故也宋大於衛稱人而在衛下宋使大夫為將故也

羊舌肸為傅
正曰成十八年傳士渥濁為大傅此代士渥濁亦當為大傅也宣十六年
士會將中軍且為大傅注云大傅孤卿彼以中軍之將兼之故知
是孤卿也士渥濁以大夫居之今此復代渥濁亦是大夫也昭五年
傳楚子稱叔向為上大夫明此以上大夫為傅也諸侯之有孤卿
猶天子之有三公无人則闕故隨其本官高下而兼攝之也而衛
冀隆不達此意以士渥濁叔向等皆為卿故為大傅若是大夫何
得居孤卿之任妄以難杜於義非也

二三〇三

注齊有二心故
正曰歌古詩各從其恩好之義類高厚所歌之詩獨不取恩好之
義類故云齊有二心

二三〇三

注齊為己從者
正曰荀偃不言齊有異志而云諸侯有異志故解之以高厚若此故
知小國必當有從者揔數諸侯有異志不獨數齊故高厚雖逃
猶自諸國共盟也

注夷平至鄭伯

正曰春秋於魯事所記不與外事同者於外則依實而言於魯則言不以實不實者魯國大小是宋衛之匹其常會序列當在宋下衛上及其書策皆云公會某侯雖會霸主亦魯在其上大夫出會魯亦在先如此者客主之言所以為文其言固當有異耳以主客之故先魯而後他國魯非實在先也傳稱在礼卿不會公侯而魯卿每會公侯春秋无譏文元年公孫敖會晉侯于戚是也杜云體例已舉欲用魯史成文是春秋无譏既常不譏之以示可否之義故於此發文以示例時言書曰是仲尼新意舊史當書荀偃在前今仲尼改之不先書主兵之荀偃而書後至之鄭伯以當時共伐許者皆是諸侯之大夫義取與鄭伯尊卑皆平得會鄭伯故也（已上百三字本中略）言後至之鄭伯者三月會于湨梁裴公至自會則鄭伯亦已歸矣五月之下始書伐許鄭伯聞將伐許乃從諸侯之師是諸侯謀伐已定鄭伯始來從之故杜言後至也

注禘祀至吉祭

正曰僖三十三年傳云凡君薨卒哭而祔〻而作主特祀於主烝嘗禘於廟如彼傳文則既祔之後可以爲烝嘗也閔二年五月吉禘于莊公以其時未可吉書吉以譏之此年正月晉已烝于曲沃仍云未得禘祀知此禘祀是三年喪畢之吉祭也

三三〇

ロミメヒヤ 本作說

獻子知罪乞謝使魯乃止憂之

三三一

注鳩集也
正曰釋詁云鳩聚也聚亦集之義國有兵寇則民人不得集聚也

三三二

注宣公也四同盟
正曰經不書葬故詳言其謚桓以成十八年即位其年盟于虛朾襄三年于雞澤五年于戚九年于戲十一年于亳城北十六年于溴梁皆魯與俱在凡六同盟沈氏云去虛朾之盟又不數溴梁故爲四劉炫以爲杜氏誤非也

注暴乱乃来告
正曰傳説此事文在冬下知其實以冬出經書在秋故知追以秋告實冬出
而告以秋明以華臣始作乱時来告也但傳曰華臣之出奔其懼罪之
由故於冬之下追言華閲卒耳其實華閲之卒或在九月之前華臣弱
其室殺其宰當在九月内耳

三三三

親遂至為厲

正曰蒯與其父共逐其君則是身親為惡故言親遂而君爾又為厲者又為惡首故以惡鬼罵之

三三四

注孫蒯不書非卿

正曰經書他國征伐例書元帥而已此經已書石買縱蒯是卿亦不書杜為此注者蘊氏云孫氏世為上卿蒯若是上卿應書蒯不書石買故云非卿也或可事由孫蒯故次之

君賜不終

正曰来啻是君之恩賜使賤者啻是為恵不終也服虔云言君義已故来啻之

是恵賜也謂已無死不以義望已是不終也

不如蓋之

正曰服虔云蓋覆蓋之言左師无鷹鸇之志而蓋不義之人故亡之此未必

然正是左師諱國悪恥聞於外故蓋之耳非是畏華臣也

為已短策

正曰服虔云策馬檛也自為短策過華臣之門助術有擊馬而馳悪之甚也

為短策者私助術者不欲使人知也

注闔謂門戶閉塞

正曰月令仲春脩闔扇鄭玄云用木曰闔用竹葦曰扇是闔爲門扇所以閉

塞廬舍之門戶也

注斬不至升布

正曰喪服斬衰裳傳曰斬者何不緝也馬融云不緝不緶也謂斬布用

之不緶其端也衰用布為之廣四寸長六寸當心故云有負前也喪服傳

曰衰三升鄭玄云布八十縷為升然則傳以三升之布〻之最麤故謂

之麤也以麤布為衰而斬之故以麤縗斬為文之次

汪晏子至家老
正曰檀弓云曾襛之母卒使人問於曾申曾申對曰哭泣之哀齊
斬之情饘粥之食自天子達然則天子以下其服父母尊卑皆同無
大夫士之異晏子所行是正礼也言唯卿得服大夫服我是大夫得
服士服又言已位卑不得從大夫之法者是惡其直已以斥時之失
已上十七字本略之
礼故孫辞略答家老也家語曾子問此事孔子云晏平仲可謂
能辟害也不以已是而駮人之非孫辞以辟咎義也夫寡語雖未必是孔
子之言要其辞合理故王肅與杜皆為此說
已上三十五字本略之

注礼當至同盟

正曰僖四年許男新臣卒傳曰葬之以侯礼也凡諸侯薨于朝會加一等諸侯命有三等男加一等葬之以侯礼此曹是伯爵與許男同當葬以公礼也彼許男之卒不書于師此言卒于師者釋例曰若卒于朝會或書師或書地者史之成文非義例所存也首尾以成十四年即位十五年盟于戚十七年于柯陵襄五年于戚九年于戲十一年于亳城北十六年于溴梁九六同盟不數成公之盟溴梁是大夫去之是爲三劉炫以杜爲誤非也

注虎晉至末臣
正曰王制云五嶽視三公四瀆視諸侯則諸侯於河神其韓不得稱臣
故解其意稱臣者以明上有天子言己是天子之臣以謙告神也
曾祖曾孫者曾為重義諸侯之於天子无所可重曾臣猶末臣
謙卑之意耳

注平陰至書圍
正曰平陰城南有防者地形猶在杜觀其跡而知之也言塹防門守之
明是晉人自於門外作塹以固守也此平陰晉邑而言圍晉者沈氏
云君在故稱圍劉炫云案下傳范鞅門于雍門又門于楊門州綽門于
東閭既門其三門即是圍事杜何知不以門于三門為圍必以塹諸
平陰為圍乎今刪定知不然者案上九年諸侯伐鄭傳稱門其三門
而經不稱圍則攻門非圍也此傳云塹防門而守之則是被圍之
道劉以門其三門為圍而規杜氏非也

二三三五

注脰頸也
正曰說文云脰項也考工記云以脰鳴者又曰大體短脰數目顧脰公羊傳稱
宋萬搏閔公絶其脰鄭玄何休皆以脰為頸〻之與項亦一物也

二三三六

乃弛弓
正曰下云其右具丙亦舍兵則此是州綽弛弓也

追喜
追字釋文不音然而人姓ツイ死
楚公子追舒竹来反云々

將犯之謂抽𨦮
斷𩊣之

[illegible]

甚雨及之

正曰楚師南行有大雨從北而南遂及楚師

注歌者至彊弱

正曰律呂雖有十二其風有八〻風者乾風不周坎風廣莫艮風調震風明庶巽風清明離風景坤風涼兌風閶闔八方之風〻別先有音曲也吹律呂以詠八方音曲令師曠以律呂歌南風音曲南風音微不與律聲相應故云不競服虔以為卯酉以北律呂為北風以南為南風與杜八風義違非杜義也

注歲在至西北

正曰歲星右行於天大率一歲行一次二十八年歲在星紀距此十一年卻而數之此年在豕韋〻〻一名娵訾當亥之次也周十二月夏之十月其月又建亥故曰歲在西北

二三四七

史興諱無義例
注言天之人和
正曰孟子云天時不如地利々々不如人和

二三四八

公之自伐啓
正曰往年圍啓今以伐致傳既不說杜亦不解公羊傳曰此同圍者也何
以致伐未圍者也未圍者則其言圍者何抑者也曷為抑者為(其)亟伐也
其意言往年同圍者實非圍者故以伐致案傳叙平陰者侯塹防門
而守之則是兵實圍者不得如公羊說也賈逵云圍者而致伐以策
伐勳也伐者加兵之名圍則伐內之別圍伐終是一事不得各有其勳何
言策伐勳也但圍是伐內之別此言之自伐者傳二十九年言之自圍許
史興諱無義例

注世子至同盟

臣日瑕以成十年即位十五年國佐盟于戚十七年自盟于柯陵十八年崔杼（已上八字本略也）

于虛朾襄三年世子光于雞澤五年世子光于戚九年世子光于戲十一年世

子光于亳城北不數成公之世々子光猶四同盟言三者襄五年戚盟不書經故

杜不數劉炫以為杜為杜誤非也

注邾田至邾田
正曰邾在魯南田在漷水北今更以漷水為界取邾漷北之田歸于魯也十六年
命歸侵田此年正邾魯之界則此田舊是魯界邾人取以為已有今日使之
歸魯故曰取邾田也公羊傳曰其言自漷水何以漷為竟也何言乎以漷為
竟漷移也其意言邾魯以漷水為竟漷水移入邾界魯隨而有之賈服取
以為説言刺晉偏而魯貪案傳晉命歸侵田此田邾先侵魯追令反本何得偏
而魯貪公羊之説不可通也

注荀偃至之先
正曰雜記云納幣一束〻五両〻五尋鄭玄云納幣謂昏礼納徵也十个為
束貴成數両〻者合其卷是謂五両八尺曰尋〻一両五尋則每卷〻二丈
也合之則四十尺今謂之匹猶匹偶之云彼雖主說昏幣但經傳所言束
帛束錦者其束多少皆與彼同故云五匹為束也吳子乘以十二年卒
乘獻此鼎於魯〻人因以其人名之謂之吳壽夢之鼎今以此鼎賜荀
偃也古之獻物必有以先之老子云雖有拱抱之璧以先駟馬謂以璧為
馬先也傳三十三年鄭商人弦高以乘韋先牛十二犒師謂以韋為牛
先也二十六年鄭伯賜子展先路三命之服先八邑謂以車服為邑之先也
皆以輕物先重物此錦璧可執馬可牽行皆日輕於鼎故以璧馬為鼎
之先以輕先重非以賤先貴鼎價未必貴於璧馬也
[illegible]

癉疽生瘍於頭

正曰說文云癉勞病也疽癰也癰腫也瘍頭創也然則傳言苟偃病

此疽腫〻潰遂生創於頭杜云癉疽惡創略言其病創耳

注林鐘至為名
正曰月令季夏律中林鐘是林鐘六月之律名也周語云景王将鑄亡
射問律於伶州鳩對曰律所以立均出度也古之神瞽考中聲而量
之以制度律均鐘百官軌儀賈逵云律謂六律六呂以均鐘大小清濁也
考成也成平也平中和之聲度律呂之長短以立均鐘以成和平之聲
而百官之道得象而儀之是言度律呂長短然後鑄鐘々聲應律遂
以律名鐘此鐘聲應林鐘故以林鐘為名

稱伐則下等也
正曰諸侯之銘當言時計功魯之伐咎也借人之力功非己有妨民農務
不可謂時二者既云可稱唯有從行征伐可得稱伐勞耳伐雖可
稱若稱伐則從大夫之例於三者為下等不足為功美也

注終言之

正曰知終言之者以云尸諸朝非礼下始云五月齊靈公卒莊公即位若非即位之後豈得尸戎子於朝故傳終言之

注無黥刖之刑

正曰婦人淫則閉之於宫犯死不得不殺而云婦人無𠛬知其於五刑之中无三等刑耳三等墨劓刖也三等之刑墨輕刖重故舉其輕重而略其劓也周礼謂之墨尚書謂之黥〻墨爲一故依尚書言黥也服虔云婦人從人者也故不爲斷刑及犯惡從男子之刑也若與男子俱受黥刖鄭玄是婦人刑矣何獨主男子而婦人從之也

注人之

注礼之至君命
正曰傳言礼也則兵不伐喪必有常礼〻有此法故聞喪即還公羊傳曰
還者何善辭也何善爾大其不伐喪也此受命乎君而伐齊則何大乎
其不伐喪大夫以君命出進退在大夫也何休云礼兵不從中御外臨事
制宜唯義所在故善之是與左氏同也穀梁傳曰還者事未畢之辭
也不伐喪善之也善之則何為未畢也君不尸小事臣不專大名善則
稱君過則稱已則民作讓矣士匄外專君命故非之也然則為士匄
者宜奈何宜墠帷而歸命乎介其意言待命乃還故杜言不必待君命而
以排穀梁也

見衛至乃登

正曰杜於此注皆用賈逵之說服虔引彭仲博云齊欲誅衛呼而下與之言因可取之云為楫之使令登城仲博以為齊侯號衛〻懸而下云問守備焉問衛之守高唐者衛云恩信故令守者以云備告齊侯善其言故楫之乃命士卒登城服虔謂此說近之案傳〻次第衛在城上號之乃下是衛下也問守備焉問衛也若其别問餘人當云問其守者不得云問守備也若齊侯揖之而命士卒登城則士於此時已登矣何故下文方云殖綽工僂會夜縋納師也衛已下城齊侯不即執取者或有所障礙不得取之漢末曹操與馬超對語徐晃與關羽對語皆隔敵交言而不能相取亦何怪于之人乎

夜能納師　　正日二子曰其無備先往城上乃從城上縣繩納師

注四章至救助
正曰控于大邦乃是載馳五章而云四章者文十三年鄭子家賦載馳之四
章義取控于大邦意在五章而并賦四章彼注已云四章以下故於此略之

注蹙猶挍也

正曰蹙者倒也樹倒必挍根放去蹙猶挍也又是親之極孝爲德之本

於父尚猶不哀必是不能愛人也已不愛人〻亦不愛已人皆不愛

必將喪家知其不能保有宗廟也

盟于𣄃故也

正曰於經服異則稱同盟此曆成而盟不言同者往年曆與晉平盟于

大隧是曆已服於晉矣非於此始服故不言同也晉以曆既平和而召諸侯

以為此會傳解其為盟之意故云曆成也

注稱弟至二慶
正曰稱弟者上為罪陳侯但陳侯之罪〻在信二慶故杜無言二慶耳
稱弟不為罪二慶也釋例曰兄而害弟者稱弟以章兄罪弟又害兄
則去弟以罪弟身推此以觀其餘秦伯之弟鍼陳侯之弟黃皆是兄
害其弟者也秦伯有千乘之國而不能容其母弟傳曰罪秦伯也歸
罪秦伯則鍼罪輕也陳侯不能制禦臣下使逐其弟傳曰言非其罪
也非黃之罪則罪在陳侯示于舉之文也

注二邑至之諱
正曰杜解地邑自爲其例言在者指知其處言有者以示不審此言二
邑在高平者知其在高平郡界耳又言有者並不審其處也釋
例曰漆（云〻本）高平南平陽縣東北有漆鄉閭丘高平南平陽縣西北（已上四十二字本略之）
有顯閭亭是二邑知在高平而不審其地故言有也諸侯之臣入其私
邑而以之出奔者皆書爲叛衛孫林父宋華亥宋公之弟辰晉趙鞅荀寅
等皆書爲叛〻者背其本國之大諱也此及莒牟夷邾黒肱亦以邑叛
本國但叛來歸魯據其己魯爲文而言來奔内外之諱言俱是叛
而諱異耳且傳謂庶其等爲三叛人明其亦是叛也

注乃盈不乏罪之
正曰宣十年齊崔氏出奔衛書其族也文八年宋司城來奔舉其
官也又十四年宋子哀來奔稱其字也皆曰為無罪不書其名則書名
為罪之文據傳乃盈無大罪故辨之不能防閑其母以取奔亡稱其名
罪之也不能防閑其母詩序文也周礼虎賁氏舍則守王閑又校人
謂馬廄為閑則閑是禦衛禁防之名也礼之防共若彼閑然論語云
大德不踰閑閑謂礼法言不能以礼法禁防母也
[illegible]

公姑姊

杜以公之姑及姊是二人也或曰列女傳稱梁有節姑妹謂父之妹也此云姑姊是父之姊也一人耳以杜氏爲誤案成二年楚侵及陽橋孟孫往賂以公衡爲質杜云衡成公子也楚師及宋公衡逃歸臧宣叔云衡父不忍數年之不宴以棄魯國則公衡之年下計猶十七八成公是其父固當三十有餘從成二年至此三十八歲姑又成公之姊則年逆七十矣假令公衡非成公之子猶是成公之弟成元年猶姬歸于伯者長稱九年始嫁則爲成公之妹成公不得有姊矣若成公別有庶長之姊以成公公衡之年推之亦不復堪嫁故知二人也唯公羊以成公即位年幼據左氏成四年傳云公如晉晉侯見公不敬公歸欲求成于楚得季文子諫而止此非年幼也又覆推之杜氏不誤

注計公至二人
正曰杜以姑為父之女昆弟姉是己之女昆故計公之年以為寡者二人劉
炫云案十二年傳云王女而有姉妹及姑姉妹則古人謂姑為姑姉妹也而知
此姑姉妹也而知此姑姉是襄公父之姉止一人耳不得云寡者二人令知
不然者以襄公成公之子成公即位二年已令大子公衡為質於楚及
宋逃歸則公衡年十五六矣成公即位之初已三十有餘計至於今
七十許歲其姉雖存年極老矣安可以妻庶朗劉以為成公之姉而規
杜氏非也

二三八五

子盍
正曰鄭玄服虔皆以盍為何不也

注給其至之人
正曰昭七年傳曰皁臣輿〻臣隷〻臣僚〻臣僕〻臣臺馬有圉牛有牧
自皁至牧有八等也其次謂庶其從者曾給之以八等之人

其書之念也
正曰念茲在茲謂念此所行之事欲施於他得可施之在於此身然後行
之釋茲在茲釋除也謂有所除治於此前人之上亦當在此身無有罪
過然後除之名言茲在茲謂若此事言此事亦皆當令可施於此猶若
名此除盜言此除盜已能除盜是除盜之事可施於此若已不能除盜遣人
除盜是不可施於此也允出茲在茲允信也謂誠信之心出於此身則善
亦誠在此身也信由己壹謂信實由己專壹然後善功可念此勲章爲義
故與尚書本文稍殊

注繭緜衣

正曰玉藻曰纊為繭緼為袍鄭玄云衣有著之異名也纊謂今之新緜緼

謂今纊及舊絮也然則繭是袍之別名謂新緜著袍故云緜衣也貫

冰泮下使有寒氣且上加緜衣暑月多衣所以示疾

已上二十一字本略之

以范至政矣

正曰桓是黶之謚大夫稱主誣欒盈言盈以范氏為死桓主道范氏之意

以桓主已死其家衰弱故陵侮欒氏而専晉國之政矣

秋欒至故罷
正日如此傳文則欒盈出奔之後宣子始殺十子也晉語云平公六年箕
遺及黄淵嘉父作乱不克而死公乃問陽畢〻〻對曰論逞忌而虧
君以乱國者之後而去之是遂威而遠權也欒氏之誣晉國久矣欒
書實覆宗殺厲公以厚其家若滅欒氏則民威矣公許諾盡逐羣
賊而使祁午及陽畢適曲沃逐欒盈如國語則先殺十子後逐欒盈與
此異者賈逵云十子皆欒盈之黨知范氏將害欒氏故先爲之作難
討范氏不克而死然則欒盈城著十子在國謀殺宣子不克宣子
先殺之乃使適著逐欒盈此傳先言欒盈後言其黨耳非是逐欒
盈既奔之後殺十子也此傳言城著而遂逐之則是就著逐欒盈國
語言適曲沃逐欒盈者曲沃是欒氏之采邑蓋就著逐其身適曲沃
逐其家也

優哉游哉

正曰此小雅采菽之篇案彼詩云優哉游哉亦是戻矣與此不同者蓋師讀

有異

優哉游哉聊以卒歳

言仕不過故且

優游以終歳

注逃書至安之
正曰此别書曰旻書腎征之文也彼作壁有謨訓此云惠訓不倦則本當作
訓但杜以傳作壁有謩勲故順傳文解之劉背傳文而規杜氏非也

二四〇二

鯀殛而禹興

正曰尚書稱堯使鯀治水九載績用不成乃求得舜而徵用之歷試三年乃禪以位舜典美舜之功象以典刑之下始云流共工于幽洲放驩兜于崇山竄三苗于三危殛鯀于羽山四罪而天下咸服孔安國云作者先叙典刑而連引四罪明皆徵用所行於此總見之是言舜初被徵用即先誅鯀而後舉禹故言鯀殛而禹興傳三十三年傳曰舜之罪也殛鯀其舉也興禹洪範云鯀則殛死禹乃嗣興皆言誅鯀乃舉禹而鄭玄注尚書以為禹治水既畢乃流四凶言其先舉禹而後誅鯀既違經傳之文且復於理不當

二四〇三

注大甲至大德

正曰大甲湯孫世本紀文也書序云大甲既立不明伊尹放諸桐宮三年復歸于亳思庸伊尹作大甲三篇是大甲能自改悔伊尹復之之事也

一説
余懼其生龍蛇以禍汝〻幣族也（本説并或説）
一説
余懼其生龍蛇以禍汝〻幣族也（或説　并今案）
注云幣衰族也云〻是謂羊舌氏之衰幣也非忽遭禍而家破族也
故依注文從次説

注大君謂天王

正曰進言於王而稱大君知大君謂天王也大君〻之大者故以為天子易云大君

有命亦謂天子也

注尉氏討姦之官

正曰歸死尉氏猶言歸死於司敗明尉氏主刑人故為討姦之官周禮司寇之

屬無尉氏之官蓋周室既衰官名改易於時有此官耳其司敗亦非周禮之官名也

使司至氏者

正曰周官司寇掌詰姦慝刑暴乱當使司寇而此云司徒者以司徒掌會萬民

之卒伍以起徒役以比追胥以此追寇盜是其所掌獲得罪人乃使司寇刑之耳

會朝之乱也
正曰經訓常也法也會以訓上下之則朝以正班爵之義是會朝為礼之常法也政待
礼而行猶人須車以載礼是政之車輿也礼運云政者君之所以藏身也言政行於外
身藏其中政是身之所守也怠慢於礼則政亡車〻亡則政不行是失政也
君既失政則身亡所守失政則身不立是其所以乱也

二四一〇

注四子晉大夫
正曰國語陽畢對公〻許諾盡逐羣賊謂此也

二四一一

子為至勇也
正曰子斥宣子也子能為彼欒氏待遇其人如欒氏彼荷子之恩乃亦為子之勇矣

識其枚數

正曰十八年傳云以枚數闔枚謂馬檛以馬枚數門扇之板此云識其枚數枚謂門扇之板被時數得其數則二枚不同今人數物猶云一枚二枚也

二四一五

注公頻至不書

正曰經書正月公至自會則武仲初發公仍未至傳言武仲如晉正爲御叔㪺使不論聘晉之意故杜原公之未歸而遣使之又不書於經知是魯之守臣使適晉也二十六年鄭伯朝晉而歸使公孫黑謝不敏知此亦是爲公謝不敏非公命故不書也服虔云武仲非卿故不書前年傳武仲爲司寇後年出奔書於經此年不得云非卿也

二四一六

注武仲至之聖

正曰周礼大司徒以鄉三物教萬民一曰六德知仁聖義忠和鄭玄云聖通而先識也尚書洪範云睿作聖是聖者通識之名時人見其多知故以聖人言之非爲武仲實是大聖人也尚書稱惟狂克念作聖惟聖罔念作狂詩稱人之齊聖皇父孔聖毋氏聖善此皆非大聖也

二四一六

注古者至用教
正曰周礼大司徒云凡建邦國云〻然則諸侯之臣受其采邑者亦當三分之一而歸於公
故云古者家其國邑言以國邑言以國邑為己之家有貢於公者是減己而貢
之故以重賦為罰言重倍其賦當以三分而二入公也

二四一七

注以正鄭卿官也
正曰十九年傳云立子産為卿知以正是鄭之卿官名也春秋之時官名變改周
礼云此名也

注朝正

正曰言以會歲終則歲事終於是正月朝正也朝正二十九年傳文也

注酒之至嘗酎

正曰月令孟夏天子飲酎用礼樂鄭玄云酎之言醇也謂重釀之酒也春酒至此始成與群臣以礼樂飲之於朝正尊卑也彼言飲酎當是其祭之後此言嘗酎謂見於其祭故云與執膰焉謂祭未受胙肉也

注口實至而已

云日但有徵責之言實於口也服虔云實謂譴讓也

注文然至明也
正曰若游氏報殺此人則人知其父被殺其父所以見殺爲奪集人妻故也報殺則人
知其父非是父之行不脩益明也

以為盟主而利其難

以為盟主者謂晉也而利其難者晉利晉難也

逸書也念此事在此身言行事當常念所在己功也

文説　非無賄之患、無令名之難

新説

皆取冑於蔡云々

張齡輔躍々

丙居致

不説　イレラし　ヨロコハし

本説詩説注并釋文説

注不結至共之

臣曰漢書藝文志云左氏傳三十卷則丘明自分為三十也丘明作傳使文勢相接為後年之事而年前發端者多矣文十年傳云厥貉之會麇子逃歸十一年云楚子伐麇宣十一年傳云厲之役鄭伯逃歸十二年而云楚子圍鄭臣曰傳在前卷之末廖為後卷之始此為後年脩成發其前成不結其事與彼相類不宜獨載卷蘊知其當續前年之末也而特跳出在於此卷之首者是傳寫失之也學者以此疑字多欲令與下相接故輒相彼末寫於此首後人因循不敢改是故失之甚矣今且正也說文云跳躍也躍足絶地而高舉也魏晉儀注寫章表别起行頭者謂之跳出故杜以跳言之

云曰書良霄以駮向戌者以向戌家之執政上卿魯公親自在會後期而至惰
慢之甚故特書良霄深責向戌異於他例也

鄭七穆

謂子展公孫舍之罕氏也子西公孫夏駟氏也子産公孫僑國氏也伯有良霄良氏也子太叔游吉游氏也子石公孫段豊氏也伯石印段印氏也

穆公十一子

謂子良公子去疾也子罕公子喜也子駟公子騑也國公子發也子孔公子嘉也子游公子偃也豊也子印也子羽也然也士孔子也子然二子孔已士子羽不為卿故止也

国語第十七

楚語上云若杞梓皮革焉楚實之韋昭注云杞梓良材也皮革

犀兕也

注莫備宜爲烽

云日月令云驛奠祭備表火燃也於時呂錡射未中國是基樓也吳楚

之間謂火賊爲烽相傳不可爲也言軍師之戲若大賊然

注釁動之後也
正曰賈鄭先儒皆以釁為動也云々嗇是吝惜之名故為貪也云々言鄭人欲得
與楚戰者皆是奮動於勇貪求名譽之人欲望曰有禍乱以成己名非能為
國家計慮希長久之利不可從也定本云嗇養也非也

秔服　徐之讀曰穗亦戚注同謂穗裹也服亦吐外反

可勘漢書後漢書晋書等地理志

胡從氏、云從胡從氏

何爲於蓍也

嘗于太公之廟家本云之廟二字衍字也清本永範本同之定安本云衍字

正義釋文共云衍義但昭廿五年傳禘于襄公定八年傳禘于僖公云ゝ

此二所無之廟二字以之爲衍義歟然而依無正説猶不可讀除歟或古本

入之廟二字無旁衍字委可勘之

私曰

詩云于以采蘋云〻有香季女云〻

詩言季女而此言季蘭謂季女服蘭草也案宣三年傳曰蘭有國香人服媚

之如是是女之服蘭也

注兵死至北郭

正曰周礼冢人掌公墓之地辨其兆域凡死於兵者不入兆域

衛[illegible]

注璽印也

正曰蔡邕獨斷云璽印也信也天子璽白玉螭虎紐古者尊卑共之月令曰周封璽季武子使公冶問璽書此諸侯大夫印稱璽也衛宏云秦以前民皆以金玉為印唯其所好自秦以来唯天子之印獨稱璽又以玉羣臣莫敢用也案周礼掌節貨賄用璽節鄭玄云今之印章也則周時印已名璽但上下通用

公曰至疏也
正曰武子書云聞干将叛則是叛形未著故公猜之言武子自欲得之
而誣言其叛多見疏外我也多見疏猶論語云多見其不知量也服虔
本作祗見疏解云祗見疏解適也晉宋杜本皆作多古人多祗同音張
衡西京賦云多炮夥清酤多皇恩溥洪德施〻與多為韻此類衆矣
[illegible]

注以卿至賞之
正曰公冶先為大夫公今以恩加賜知以卿服玄冕賞之也周礼司服
云卿大夫之服自玄冕而下是卿與大夫同服玄冕也其旒當以命
數為異耳

葬靈至殷往
云曰鄭之上卿即子展也有事謂君適楚而代守國也計於時鄭卿在國
猶有子西伯有不使彼行而使印段者蓋别有所掌共子展守國故不得行也

注詩小至跪處
正曰小雅四牡之章盬亦蠱也昭元年傳曰於文皿蟲為蠱穀之飛亦為
蠱〻是蟲之害物故為不牢固也釋言云皇暇也啓跪也李巡曰皇閒
暇也啓小跪也言王事無有不牢固已當牢固之故不得閒暇而跪處也

以子展之命
亡日蓋死日近死時民已饑故假其生時之遺命也

二七六九

鄰於善民之望也

正曰鄰近也近於善民之望君爲善也

注治理至其城
正曰經書城杞謂築杞城耳下使女叔侯来治杞曰知治杞〻〻之地非獨脩
其城也

射者三耦

正曰燕礼云若射則大射正為司射如郷射之礼是燕有為射之時也

此云公享之則享法亦有射也周礼射人云諸侯之射以四耦此三耦者

彼是畿内諸侯故四耦此及儀礼大射畿外諸侯故三耦或當臣與若異也

注此皆至聲曲
正曰詩人觀時政善惡而發憤作詩其所作文辭皆曰準其樂音令宮商相和使
成歌曲樂人采其詩辭以為樂章述其詩之本音以為樂之定聲其聲既定其
法可傳雖多歷年世而其音不改今此為季札歌者各依其本國歌所常用聲曲
也由其各有聲曲故季札聽而識之言本國者變風諸國之音各異也

注王黍至爲雅
正曰王詩黍離爲首王非國名故舉首篇以表之王者周東都王城畿内方六
百里之地也始武王作邑于鎬是爲西都周公攝政營洛邑謂之王城是爲東
都成王既居洛邑後還歸西都十一世至幽王遇西戎之禍平王東遷王城於
時王政不行於天下其風俗下同諸侯王畿内之人惡刺者以其政同諸
侯皆作風詩不復爲雅其音既是風體故大師别之謂之王國之變風
也謂之王者以王當國猶春秋之王人天命未改尚尊之故不言周也

二七八四

為之歌豳
正曰豳者禹貢雍州岐山之北原隰之野其地西近戎北近狄豳是彼土
之地名於漢則扶風郡栒邑縣是其都也

二七八五

曰美至東乎
正曰美哉亦美其聲也蕩〻乎寛大之意好樂不已則近於荒淫故美其樂而
不淫也先聞周公之德此聲同於所聞故疑之云其周公之在東乎言在東之
時為此聲也

二七八五

為之歌秦
正曰秦者隴西山谷之名於漢則隴西郡秦亭秦谷是也堯時有伯益者佐
禹治水有功帝舜賜之姓曰嬴氏

二七八五

注詩篇至不同
正曰此為季札歌詩風有十五國其名皆與詩同唯其次第異耳則仲尼以
前篇目先具其所刪削蓋亦無多記傳引詩亡逸甚少知本先不多也史記孔子
世家云古者詩三千餘篇孔子去其重取三百五篇蓋馬遷之謬耳

為之歌魏
正曰魏者虞舜河北縣是其都也夏禹所都之地在禹貢冀州雷首之北析城之
西於漢則河東郡河北縣是其都也

為之歌唐
正曰唐者帝堯舊都之地於漢則大原郡晉陽縣是也周成王封母弟叔
虞於堯之故虛曰唐侯其地南有晉水虞子燮父改為晉侯燮父後六世至
僖侯甚嗇愛物儉不中礼國人閔之作蟋蟀之詩以刺之以後凡十二篇皆唐風
也詩序云此晉也而謂之唐本其風俗憂深思遠有堯之遺風又叔虞初國亦以
唐為名故名其詩為唐風

二七八八

為之歌陳
正曰陳者大皞伏犧氏之虛也於漢則淮陽郡陳縣是其都也

二七八八

為之歌小雅
正曰詩序云言天下之事形四方之風謂之雅〻者正也政有小大故
有小雅焉有大雅焉然則小雅大雅皆天子之詩也立政所以正下故詩
序訓雅為正又以政解之

二七八九 注襄小也
正曰襄者差也九章算術謂差分為襄分言從大漸差而小故杜以襄
為小也服虔讀為襄微之襄謂幽厲之時也
二七八九 注大雅至天下
正曰大雅亦有武王成王之詩杜唯言文王者以下云其文王之德字故也
二七九二 注頌有至所同
正曰杜以為之歌頌言其亦歌商魯故以盛德之所同謂商魯與周其
德俱盛也劉炫以為魯頌只美僖公之德本非德洽之歌何知不直據
周頌而云頌有商魯乎今知不然者但頌之大體皆述其太平祭祀告
神之事魯頌雖非太平徑稱皇〻后帝皇祖后稷又云周公皇祖亦其福
女美其祭神獲福與周頌相似且季文子請周作頌取其美名又季孔至
魯欲襃崇魯德取其一善故云盛德所同若直歌周頌宜加周字不
得唯云歌頌故杜為此解劉以為魯頌不得與周頌同而規杜氏非也

見舞象箾南籥者
正曰樂之為樂有歌有舞歌則詠其聲而以聲播之舞則動其容而以曲
隨之歌者樂器同而聲不一聲隨聲變曲盡更歌故云為之歌風為之歌雅
及其舞則每樂别舞其舞不同季札請觀周樂魯人以次而舞每見一
舞各有所歎故以見舞為文不言為之舞也且歌則聽其聲舞則觀其容
歌以主人為文故言為歌也舞以季札為文故言見舞也樂有音聲唯言舞
者樂以舞為主周礼大司樂云以樂舞教國子舞雲門大巻大咸大磬大
夏大濩大武又云乃分樂而序之以祭以享以祀舞雲門以祀天神舞咸池
以祭地祇舞大韶以祀四望舞大夏以祭山川舞大濩以享先妣舞大武以
享先祖凡六樂者文之以五聲播之以八音鄭玄云播之言被也是其以舞為
主而被以音聲故魯作諸樂於季札皆云見舞也礼法歌在堂而舞在
庭故郊特牲云歌者在上匏竹在下貴人聲也以貴人聲樂必先歌後舞故魯
為季札先歌諸詩而後舞諸樂其實舞時堂上歌其舞曲也

注象箾至之樂
正曰賈逵云箾舞曲名言天下樂箾去無道杜云箾舞者所執二者俱無
所據各以意言之耳詩述碩人之善舞云左手執籥右手秉翟籥是舞者
所執則箾亦舞者所執杜說當得其實但不知箾是何等器耳杜云皆文王之
樂則象箾與南籥各是一舞南籥既是文舞則象箾當是武舞也詩
云維清奏象舞則此象箾之舞故鄭玄注詩云象用兵時刺伐之舞是
武舞可知其名之曰南其義未聞也知是武王制者以為人子者貴其成父之
事文王既有大功武王無容不述於周公之時已象伐紂之功作大武之樂云云

注美哉至大平
正曰歌聽聲而舞觀形故知美者美其容也歌詩由口而出樂音以詩為章文
歌者德情見於音聽聲知政容或可爾討聖人之德非舞容可象而季札
觀舞皆知其德者聖人之作樂也各象當時之事時事見於舞故觀之可以
知世云云彼言大武之舞是象武王之事則知諸樂之舞皆象時王功德也聖王
功德見於舉動之容故觀其舞容各知其德也

二七九二

見舞大武者
正曰鄭玄周礼注云大武〻王樂也武王伐紂以除其害言其德能成武功也
此舞四代之樂從後代而稍前也象是文王之樂事在大武之先〻舞象而後
舞武者以象非一代大樂故先舞之

二七九三

見舞韶濩者
正曰周礼謂之大濩鄭玄云大濩湯樂也湯以寛治民而除其邪言其德
能使天下得其所也然則以其防濩下民故稱濩也此言韶濩不解韶之
義韶之義韶亦紹也言其能紹継大禹也

二七九三

見舞大夏者
正曰樂記解此樂名夏大也鄭玄云言禹能大堯舜之德又周礼注云禹治
水敷土言其德能大中國也季札見此舞歎禹勤苦為民而不以為恩德則
鄭周礼注是也

見舞韶箾者
正曰樂記解此樂名云韶繼也鄭玄云韶之言紹也言舜能繼紹堯之德杜
不解箾義箾即簫也尚書曰簫韶九成鳳皇来儀此云韶箾即彼簫
韶是也孔安國云言簫見細器之備也蓋韶樂兼簫爲名簫字或上或下耳
[illegible]

注魯用至篇數
正曰明堂位云四代之服器官魯兼用之是魯之所用四代而已唯用四代
之樂不得用雲門大咸故舞及韶箾而季札知其終也先儒以爲所歎之
意故杜辨之在吳雖已見此樂歌之文但未聞中國雅聲其所言者皆
聽聲而知非察其文辭故取傳文證之明是素知其篇數也

注大帶至貨利
正曰玉藻説大帶之制大夫以素為帶裨其垂三尺者外以玄内以
華居士錦帶弟子縞帶季札吳卿也而以縞帶與子産者是其當時之
所有耳吳始通上國未必服章依礼也杜以縞是中國所有紵是南邊
之物非土所有各是其貴知其示損已耳不為彼貨利也若其不然傳
不須載明其有此意也

汪侈謂伯有

正曰襄二十七年傳伯有次子展之下此年子展卒故伯有執政也

上文云子展卒子皮為政者蓋鄭人以子展有大功使子皮代父為上

卿耳其父始卒國政猶在伯有下云伯有使公孫黑如楚是伯有執政

之事也

注實放至示罪
正曰釋例云奔者迫窘而去逃死四鄰不以禮出也放者受罪黜免
宥之以遠也迫窘而奔及以禮見放俱去其國故傳通以違為文仲尼
脩春秋又以所稱為優劣也

齊人至仲也
正曰依世本敬仲生莊子〻〻生傾子〻〻生宣子〻〻生厚〻生
上〻是敬仲玄孫之子也世本又云敬仲生莊子〻〻生傾子之孫
武子偃據世本則偃為敬仲玄孫今傳云曾孫必有一誤也此鄰
即後所云高偃是也世族譜以高武子為鄰偃為一人蓋鄰偃聲相近而字
為二耳

裨諶曰善之代不善云〻
正曰案傳伯有死後子皮授子産致云虎帥以聽命則子皮於時
位在子産上矣此裨諶論鄭卿位次其言不及子皮者蓋以子皮
非舊卿雖継父而居高位民望攸次未之許也及伯有既死子西
亦卒子皮位為上卿故鄭人使知政耳

注共姬至過厚

正曰公羊傳曰其稱謚何賢也杜以共非夫人之謚故注顯而與之夫謚爲共從夫謚而稱之耳共非夫人之身行也

傳王子之爲政

正曰傳無圍字故杜云王子圍爲令尹也服虔云王子楚令尹王子圍也

王肅云王子楚令尹圍也

二八一二

有與至之年

疏曰有與同食者問此老人之年不告以實疑其年也使之年者更使言其真年也

二八一三

吏走問諸朝

疏曰俗本吏作使服虔云吏不知歷數故走問於卿大夫王肅云吏不知歷也

二八一三

師曠至戚也

疏曰劉炫云傳之叙事自可以魯為主若載人語則當如其本言此師曠晉人自道晉事當云郤成子會魯叔仲惠伯所以云叔仲惠伯會郤成子者凡魯史所記云公卿會其侯者皆據公卿往會他若他来會我則以他為文若衛侯會公于沓鄭伯會公于棐是也今郤成子在承匡魯往會之以晉為主晉人所言正是其宜劉炫以為晉人不當稱叔仲惠伯會郤成子以為丘明之誤恐非也

二八一三

是歳至年矣
正曰耽秋千鹹事在彼歳末必其年頓生三子當是欲表其功雖在後生
子追以前事名之

二八一四

史趙至數也
正曰二畫爲首六畫爲身下首之二畫竝之使如其身旁則是生來日數
也曰亥畫似筭位故假之以爲言其本作亥字不爲此也案字書古之
亥字體殊不然蓋春秋之時亥字有二六之體異於古制其說文
是小篆之書又異於此說文云亥荄也十月微陽起接盛陰從二二
古文上字一人男一人女也從乚象懐子咳〻之形也

士文至旬也
正日文十一年至此年為七十四年而上去七十三年案文十一年正月
甲子朔為其、之、正月是其年三月也此年之二月癸未是其之十二
月計為七十三年猶尚年未終也假作全年算之置七十三年以
全日三百六十五日乘之已得二萬六千六百四十五日也每年有四分日
之一是四年而成一日以四除七十三年又得十八日并全日為二萬六千
六百六十三日計終此十二月盡有二萬六千六百六十三日四分日之一
今除去三日四分日之一整取六旬合當十二月二十七日今杜長
歷去二十三日癸未是少四日而以不與常歷同者蓋杜為長歷約
準春秋日月以為長歷與常歷不同故置閏遠近不定蓋七十三年
之内於常歷校四个大月為剰用四日故癸未為二十三日若依常歷是
二十七日也

二八一五

趙孟至屬也

正曰諸是守邑之長公邑稱大夫私邑則稱宰此言問其縣大夫問絳縣之大夫也絳非趙武私邑而云則其屬者蓋諸是公邑國卿分掌之而此邑屬趙武也

二八一六

注復陶至之官

正曰昭十二年傳說楚子出獵云皮冠秦復陶翠被豹舄執鞭以出復陶之文在冠屨之間知復陶是衣也此言君復陶知是主君衣服之官也衣服之名復陶其義未聞

以爲絳縣師
正曰既使爲主衣服之官又以爲絳邑之縣師也周礼縣師上士二人其
職掌邦國都鄙稍甸郊里之地域而辨其夫家人民田萊之數及其六
畜車輦之稽凡造都邑量其地而制其域以歲時徵野之賦貢天
子之縣師掌此諸事則諸侯之縣師亦當然故杜略引周礼以
辨之據如周礼則縣師是王朝之官而此言絳縣師者絳是晉國
所都之邑蓋以居在絳邑故繫絳以言之

二八三

鳥鳴于亳社
正曰哀四年亳社災穀梁傳曰亳社者亳之社也亳亡國也亡國
之社以為廟屏戒也然則此亳社是殷社也殷都於亳武王伐紂
而頒其社於諸侯以為亡國之戒此鳥鳴于魯國之亳社也服虔云
亳宋之祖也故鳴其社伯姫魯女欲使魯往悟伯姫也

二八三

注姆女師
正義曰鄭玄昏礼注云姆婦人年五十無子出而不復嫁能以婦道教
人者若今時乳母矣何休云選老大夫妻為姆也大夫之妻當在夫室
安得從女而嫁也若言既為夫人選大夫之妻為之則礼言女未嫁而
有姆非至夫家始選也

二八二二

注義從至左右

正曰義者宜也從宜之辟大也成九年伯姬歸于宋至此四十年故為六十

左右也

二八二三

其君弱植

正曰周礼謂草木為植物植謂樹立君志弱不樹立也

二八二三

大夫敖

正曰言大夫驕敖也服虔云言大夫淫放則服本為大夫放矣故今俗

本多為放字

注降婁至天明
正曰降婁奎婁釋天文也孫炎曰降下也奎為溝瀆故稱降也杜以周七
月令五月降婁中而天明劉炫以為五月降婁未中而規杜失今知非
者以三月諸星復位令昏奎婁在戌以衡反之平旦在辰又三月日體在
胃平旦之時奎婁在胃昴之前亦當在辰既三月平旦在辰則四
月在巳五月在午月令旦危中者據夜有長短及昬度有廣狹是細
計之數杜據大略而言故與月令不同劉以月令之文而規杜氏非也

注娵訾至二年

正曰釋天云娵觜之口營室東壁也李巡曰娵觜玄武宿也營室東壁北方宿名孫炎曰娵觜之歎則口開方營室東壁四方似口故因名云也十二次子為玄枵亥為娵訾二十八年傳稱歲在星紀而淫於玄枵二十八年已在玄枵今三十年始在娵訾三年始移一次是歲星住在玄枵二年也

注傳云至同文
正曰諸侯不歸宋財諸國大夫合貶耳向戌不合貶也而向戌亦
貶稱人故傳明經所由杜又釋傳之意傳云既而無歸者是釋上
傳之文故不書其人是也經文別言宋災故者此一句見向戌之并
貶釋此傳書曰某人々々之文也向戌若不求財當顯書名氏今
貶稱某人與諸國某人同故云所以釋向戌之并貶與不歸財者同文

注今尚至疑之
正曰今尚書大誓謂漢魏諸儒馬融鄭玄王肅等所注者也自秦焚
詩書漢初求之尚書唯得二十八篇故大常孔臧與孔安國書云尚
書二十八篇前世以為放二十八宿都不知尚書有百篇也在後又得偽
大誓一篇通為二十九篇漢魏以来未立於學官馬融尚書傳序云
大誓後得案其文似若淺露又春秋引大誓曰民之所欲天必従之國語引
大誓曰朕夢協朕卜襲于休祥戎商必克孟子引大誓曰我武惟揚
侵于之疆則取于残我伐用張于湯有光孫卿引大誓曰獨夫紂礼
記引大誓曰予克紂非予武惟朕文考無罪紂克予非朕文考有罪
惟予小子無良今之大誓皆無此言吾見書傳多矣所引大誓而不在
大誓者甚衆不復悉記略舉五事以明之亦可知已王肅亦云大誓近
非本經是諸儒疑之也杜氏在晉之初亦未見真本及江東晉元帝時
其豫章内史梅賾始獻孔安國所注古文尚書其内有泰誓三篇記傳
所引大誓其文悉皆有之

二八六二

高其閈閎
正曰說文云閈門也汝南平輿里門曰閈釋宮云衖門謂之閎李巡曰衖
頭門也然則閈閎皆是門名言高為其門耳

二八六三

繕完葺牆
正曰周礼匠人有葺屋瓦屋〻〻以瓦覆葺屋以草覆此云葺牆謂草
覆牆也

二八六三

匄本又作丐古害反又士文伯名之今傳本皆作匄字或作丐字釋例亦然解者云
士文伯瑕范氏之族不應与范宣子同名丐是又案士〇伯字又伯瑕又春秋時
人名字皆相配楚令尹陽丐字子瑕即与文伯名字正同又鄭有駟乞
字子瑕匄与乞義同則丐匄者是又案魯有仲嬰齊是莊公之孫又有
公孫嬰齊是文公之孫仲嬰齊於公孫嬰齊為従祖同時同名鄭有公
孫段字子石又云伯石印段字伯石傳又謂之二子石然印段即公孫段
従父兄弟之子尚同名字伯瑕与宣子何嫌同乎

二八六三

寡君使匄

正曰匄士文伯名也晉宋古本及釋例皆作丐俗本作匄此士文伯是范氏之別族不宜與范宣子同名今定本作匄恐非

二八六五

無觀臺榭

正曰釋宮云四方而高曰臺有木者謂之榭李巡曰臺上有屋謂之榭然則臺榭皆高可升之以觀望言無觀望之臺榭也

二八六六

圬人至宮室

正曰釋宮云鏝謂之杇李巡曰鏝一名杇塗工作具也郭璞云泥鏝也然則圬是塗之所用因謂泥牆屋之人為圬人塓亦泥也使此泥屋之人以時泥塗客館之宮室也

往門庭之內迫迮

正曰知非館門甲小不得容車而去門庭之內迫迮者以傳稱舍於隸

人明院宇迮小也

淫贏受也

已曰賈服王杜皆讀為盈〻是滿也故皆訓為受

注延州来季札邑
正曰釋例土地名延州来闕不知其處則杜謂延州来三字共為一邑服虔云延
延陵也州来邑名季子讓王位升延陵為大夫食邑州来傳家通言之案傳文
謂之延陵季子則是延延陵與州来必不得為一但不知何以呼為延陵耳或
延陵亦是邑名蓋並食二邑故連言之

畏也

注仲尼至聞之
正曰公羊傳於二十一年下云十有一月庚子孔子生穀梁傳於二十一年十
月之下云庚子孔子生二十一年賈逵注經云此年仲尼生哀十六年夏四
月己丑卒七十三年昭二十四年服虔載賈逵語云是歲孟僖子卒
屬其子使事仲尼〻〻時年三十五定以孔子爲襄二十一年生也
孔子世家云魯襄公二十二年而孔子生年七十三魯哀公十六年夏
四月己丑卒杜此注從史記也

令尹似君矣

正曰言令尹威儀已是國君之容矣服虔云言令尹動作以君儀故云以若

矣服言以君儀者明年傳云二執戈者前矣是用君儀也俗本作似君若

云似君不須言矣今定本亦作似君恐非

二八九三

曰大至其德
正曰尚書武成篇也大國以威加小國以德撫故大畏力小懷德也

二八九三

不識至之也
正曰不識不知謂不妄斟酌以爲識知唯順天之法則是言則而象之謂文
王法則放象上天而行下傳覆此謂天下則象文王不同者謂文王能則象
於天故天下忘則象文王也

紂囚文王七年

正曰傳言囚文王七年文王亦七年為囚矣尚書無逸云文王受命惟中身厥享國五十年則文王在位歷年多矣未知何時被囚也周本紀稱紂囚西伯於牖里閎夭之徒求美女美寶而獻之紂〻大說乃赦西伯賜之弓矢使之得征伐其下乃云虞芮爭獄俱讓而去諸侯聞之曰西伯受命之君也如馬遷所云虞芮質獄之前被囚也尚書傳稱文王一年質虞芮二年伐邘三年伐密須四年伐犬夷紂乃囚之四友獻寶乃得免於虎口出而伐耆鄭玄尚書注據書傳為說云紂聞文王斷虞芮之訟後又三伐皆勝始畏而惡之拘於羑里紂得散宜生等獻寶而釋文王〻〻釋而伐黎以為四年囚之五年釋之即如所言被囚不盈一年此傳不得言紂囚文王七年也文王既已改元而文專伐諸國是則反形已露雖紂之愚非寶貨所能釋也馬遷之言當得其實在質虞芮之前囚之故因之得七年也

[illegible]

蔡〻叔
上蔡字亦素葛反説文作𥝖亦同字從殺下米云𢖎𥝖散
之也　會杜義下蔡叔如字

正云々蓋与諸戒近晉相鄰而共來也云々

非證本之勘物居僻事歟

如此注者帝嚳爲堯子欲与正義第十五異

正云肥則膚肉厚骨不見瘦則肌膚薄故骿脅露骿是
露骨之名其義与保相近保露形骿露骨云々

注末四支風為緩急

正云人之身體頭為元首四支末故以末為四支謂手足也風

氣入四支則支有緩急賈逵以末疾為首疾謂風疾也

當義

敢不封殖此樹

敢不封殖此樹

三〇二九

以五升為豆為區四區為釜
舊本以五升為豆四豆為區四區為釜直加豆為五升而區釜自
大故杜云區二升釜八斗是也本或作五豆為區五區為釜者為
加舊豆區為五亦與杜注相會非於五升之豆又五五而加也

三〇三〇

山木如市弗加於山
今案陳氏欲得民情故賣民不加貴歟

鑱

正云々服虔云讒鼎疾讒之鼎明堂位所云崇鼎是也一云地名禹鑄九鼎
於日若耳讒之地故曰讒鼎二者皆無案據其名不可審知故註直云
鼎名而已

三〇七五

三塗
正云 大河 轘轅 都邑者 或云 伊闕 大谷 轘轅

誤

三〇七六

沵

方市又方示 漢書方義方握或一方隷則當水旁衣示 恐非本或衣洣字誤乂

古說
屬有宗祧之事於武城寡君將隨幣焉
屬有宗祧之事於武城將隨幣焉
屬有宗祧之事於武城

壬イ
士匄相士鞅
正曰世族譜以王正為雜人諸本及王肅董遇注皆作王正俗本或誤為
士匄此人不當與士鞅之又同姓名而為之介也

三八八

士鞅
於文又今傳本皆作士匄相士鞅古本士匄或作王正董遇王肅本同学
者皆以士匄是范宣子即士鞅之父不應取其父同姓名人以為介今傳本誤也依
王正為是王元規云古人質口不言之目何妨為介也案士文伯是士鞅之族亦名匄
壬イ
云妨今相范鞅即文伯也然士文伯名古本或有作正者解見卷襄三十年

服虔曰僕隱也區匿也為隱匿亡人之法也

紂為天下逋逃主萃淵藪

右説叶注

為啓疆之辞也

日我乏北鄙

正日日謂往日也嬰齊與魯盟于蜀事在成二年共王之初共王即[illegible]魯朝故言往日我乏

君共王前領北鄙也董遇注無日字謚法既過能改曰共

云曰吳楚之人以鬚故選長髯者相亂也

黄熊
如字一音奴来者三足鼈也解者云獸非入水之物故是鼈也一曰既為神何妨是獸案說
文及字林皆云能熊屬足似鹿然則能既熊屬又為鼈類今本作能者勝也東海人祭禹
廟不用熊白及鼈為膳斯豈鯀化為二物乎

礼記内則云子事父母云〻拂髦冠緌云〻

鄭玄注云拂髦振去塵着之髦用髮爲之象幼時鬌其制未聞也子本疏云

熊氏云髮而夾之爲髦如刀瑑在傍所別有執曰以爲飾又髦左毋髦右詩

所謂髦兩髦云則並髦

正義第一云昭十年十二月元冬〻當是仲尼之後寫者漏脱云〻
依此文讀入冬〻字也杜注史闕文者此釋含容後寫之脱闕也猶此巻正義十二年晉伐鮮虞
吉肆畧史闕不得書亦得史闕文也云〻

淮

舊如字四瀆水也学者皆以淮域之韻不切云韻淮當為濰齊地水名下稱濰亦是

齊國來之矣濰從齊人齊侯稱之句吳既非齊人豈遠來 淮水古韻後作淮

之精

不得具義

爲此役也、下 子若屠伯也以君命賜之、賜叔鮒也其已、客屠伯也從之

未退、而禁之 叔鮒得貨而禁芻蕘者也

辰及地皆元公弟
案公子辰是景公之母弟地是辰兄皆當為元公之子今注皆作元公弟誤耳

三六六三

八風

易緯通卦驗云立春調風至春分明庶風至立夏清明風至夏至景風至立
秋涼風至秋分閶闔風至立冬不周風至冬〻至廣莫風至調風一名融風

三六六四

周疏

傳本皆作流然此五句皆相對不應獨作周疏古本有作疏者案注訓周為
密則与疏相對宜為疏耳

呉太子諸樊
案呉子曷号諸樊王僚是曷之弟子先儒又以爲遏弟何之僚子乃
取遏别名昭傳寫誤耳未詳

已 スデニ ユキ
巳 シノヒ ウイ

箕別都也晉人執於叔孫舘箕

十一月宋元公卒

樂祁

十月昭子卒

三七九七

鸜之鵒之
クヒクアラン
クヨクアフレトキニ
クミヨクミ
家説
古説
古文説

文成之世
歎肆也非再謡欤

使若非君本意者
君伯可止不出之

三八一四 隰州 各當境上過來敗國猶掠次境

三八一五 野井 各侯来嗜文ㇾ不敢速搭故逢之于野井

本不勅有司師籍澗洲而微道會于平陰

三八三九

古說ソキナ矢前

汏タメリ 他達反又他遠反矢激也

上皮ヒ元

匕 必履反矢鏃也

本紀云景王十八年后太子聖而蚤卒廿年景王愛子朝欲立之未果之長庶子會王崩國人立長子猛爲王子朝攻殺猛〻爲悼王晉人攻子朝而立丐是爲敬王〻〻猛女弟乂敬王元年晉人入敬王子朝自立敬王不得入居澤地周四年晉率諸侯入敬王于周子朝爲臣十六年子朝之徒復作亂敬王地出奔晉十七年晉定公送

鄔

舊戶反又音偃宜地名在周者烏戶反隱十一年王取｜劉是也在鄭者音偃成十六年戰于鄢陵是也在楚者於建反又音偃昭十三年王沿夏將入｜是也在晉者於虔反字林已袪反郭璞三倉解詁音瘀於虔反闞駰音厭飫之飫重言之太原有｜縣唯周地者從烏餘皆從焉字林亦｜音同傳云分祁氏之田以爲七縣司馬彌牟｜大夫即太原縣之｜誠宜以邑爲氏於義爲文舊音誤

褒姒 右以龍漦所生褒人所奉者也 毛詩云姒姓也 鄭箋云姒字也

驪 本又作麗同力知反 獻公伐驪戎所得而以為夫人 穀梁傳云滅驪所得 莊子云 艾封人之子

桐棺三寸事

礼記云夫子制於禮四寸之棺五寸之槨以期知不欲速朽也鄭康成注云此庶人之制

也案礼上大夫棺八寸属六寸下大夫棺六寸属四寸元三寸棺制也棺用難朽之木桐木

易壊不堪為棺故以為罰黒子高倹有桐棺三寸

重

直龍反下同　主棺四々礼記云水兕革棺被之具厚三寸杝棺一椑棺二杝棺辟也椑棺二属与大

棺也被水牛及兕之革為一重辟為二々属三々大棺為四々君再々君謂侯伯子男侯伯已下无革

棺属与辟為一重大棺為再々上公則唯無水革耳兕革与辟為一々属為再々大棺為三々大夫

下大夫唯属与大棺為一々今云不設辟者特借耳非正礼也

注尋重也寒歇也
昔日以牢有司徹去乃尋尸俎鄭玄云尋温也引此若可尋也亦可寒也則諸
言尋盟者皆以前盟已寒更温之使熱温舊即是重義故以尋為重傳意言
若可重温使熱亦可歇之使寒故言寒歇不訓寒為歇也

四四八三

并致飲也
梁則無矣鹿饟則有之事
臣曰食以稻粱為貴故以粱表精若水粱水之飯則無矣鹿饟者則有之

四四八三

庚癸乎事
臣曰庚在西方穀以秋熟故以庚主穀癸在北方居水之位故以癸主水言欲致飯
并致飲也
[illegible]

陳恒
古本勘物云論語作桓也此本所引論語同作恒也書寫本誤歟

召獲臺食矣

正義曰丘明為傳雖詳於當時而此〔大〕煩碎計竊寧歡酒无可記録

又此句顛倒雜義不允若倒此二句則上〻下各相違當是後来誤耳

夏四月己丑孔丘卒 孔丘作春秋終於獲麟一句公羊穀梁經是也 弟子欲記聖師之卒故採魯史記以續夫子之經而終於此丘明隨而作傳終哀公 從此已下亦後經矣

魯襄二十二年生至今七十三也 本或作魯襄二十三生至今七十二 則与史記孔子世家異此本非也

敬王崩敬也

案傳敬王崩在此年世本亦尒世族譜云敬王四十二年崩敬王子元王十年春秋之傳終矣據此則敬王崩當在哀公十七年史記周本紀及十二諸侯年表敬王四十二年崩子元王仁立則敬王是魯哀公十八年崩也六國年表起自元王及本紀皆云元年八年崩子定王介立定王元年是魯哀公之二十七年与杜預世族譜為異又世本云魯哀公二十年是定王介崩子元王赤立則定王之崩年是魯哀二十七年也衆説不同未詳其正也

解題

〔日〕齋藤慎一郎 撰
喬秀岩
葉純芳 譯

解題目録

（五）經典釋文的全面抄録
（六）對校宋刊本的校記
七、此帙的流傳過程
八、近現代日本參考利用此帙的情況
參考文獻

一、日本傳存漢籍古抄本的意義

此帙（金澤文庫本春秋經傳集解三十卷，凡本稿「此帙」，均指此本）是十三世紀後半期的日本抄本，曾爲當時及後來的統治者們當教材學習過，現今爲日本宫内廳書陵部所藏。本稿嘗試將此帙放在日本傳習經書的歷史背景當中，討論此帙特色及價值所在。

日本自古以來一直不斷地積極引進中國文化，因而包括此帙在内的日本傳存漢籍古抄本形成了鮮明的特性。其中最值得留意的一點是文本本身的獨特性。即便在出現刻本之後，日本人仍認爲抄本纔是文獻的本來形體，保持了推崇抄本的文化。又因歷史上很少經歷過改朝換代等的大兵燹，所以有大量古抄本傳存到現在。在中國，今日通行的古籍文本基本上都經過宋代以後的校定，也經過木版印刷流傳。在此過程中，唐代以前流傳的文本或散佚，或經改動。與此不同，日本傳存的漢籍古抄本，或爲唐抄本，或以唐抄本爲祖本輾轉傳抄，其文本往往保留唐代以前的面貌。換言之，日本自古傳存的漢籍古抄本有時會保留中國已經失傳的文本原始面貌，這一點應該可算日傳漢籍古抄本具有的重要意義之一。

日傳漢籍古抄本的第二點意義在於其中包含大量訓點、批注，顯示日本人學習這些古籍的痕迹。附加了訓點之後，讓日本人可以轉換（翻譯）成自己的語言，來理解這些漢籍文本。各種批注則是幫助讀者理解文義，瞭解諸本異同。而我們通過日傳漢籍古抄本，能够詳細考察古代日本人學習、理解漢籍的具體情況，不得不說有重要的文化史意義。

二、經書傳入日本的概況——以春秋爲主

中國古籍的傳入日本，最晚可以追溯到繼體天皇七年（五一三）六月。日本第一部正史日本書紀卷十七有該月記載云：「百濟遣姐彌文貴將軍、州利即爾將軍、副穗積臣押山，貢五經博士段楊爾。」目前所知，這是可以確定漢籍傳入日本的最早文獻記載。既然是「五經博士」，其中自當包含春秋經，我們不妨認爲六世紀初之前春秋已經傳入日本。

至八世紀，日本也開始仿效中國，制定一套具有體系性的律令。其中學令六「教授正業」條有如下規定：

凡教授正業：周易鄭玄、王弼注。尚書孔安國、鄭玄注。三禮、毛詩鄭玄注。左傳服虔、杜預注。孝經孔安國、鄭玄注。論語鄭玄、何晏注。

此條基本因襲唐令，而相較於唐令，少了公羊何休注、穀梁范甯注、老子河上公注三種。春秋三傳，日本令衹取左傳，換個角度可以説在八世紀中葉（奈良時期）的日本，衹有左傳具有權威性。又，令文并列服虔、杜預兩家注，而當時規定衹要求學其中一家。日本傳存早期抄本有春秋經傳集解唐抄本（卷二殘卷，藤井齊成會「有鄰館」藏），平安初期抄本（卷二六殘卷、卷二九殘卷，石山寺藏）等，未聞有服注本，則不妨推測當時實際傳習的就是杜預注。

至於公、穀兩傳的傳入日本，應該晚於左傳，日本官方正式采用乃在八世紀延曆年間（七八二—八〇六），首都從奈良遷到京都（進入平安時期）之後，從桓武天皇（七八一—八〇六在位）録用伊與部家守（？—八〇〇）爲學官開始（參考文獻：東野）。伊與部家守參加寶龜八年（七七七）出發的遣唐使團，入唐學公羊、穀梁而回日本（見令集解學令五「經周易尚書」條引延曆十七年三月十六日官符）。但這衹能認爲是短暫的特殊情況，必須承認日本春秋學始終以左傳爲主。

又，在此特別介紹一個人物叫苅田種繼。此人是淳和天皇（八二三—八三三在位）、仁明天皇（八三三—八五〇在位）的時代以經學著稱的學者。此帙「奧書」（此爲日語詞，指卷尾關於此部傳承的題識。日本古抄本通常都要移録底本所有題識，又會增加新的題識，因而「奧書」具有彙録性質。）中，具有最早紀年的一條，就是天長九年（八三二）苅田種繼講授春秋經傳集解的記載。這條「奧書」説明此帙傳授淵源之古老與可靠。

以上簡述六世紀以前至九世紀末（平安最初期）漢籍開始傳入日本的階段，日本接受漢籍尤其是春秋的基本情況。在這段時間内，日本社會正處於動蕩與轉型的階段，統治階級積極努力地吸收了以經書爲主的中國古典。自此以後，日本再次出現重視像春秋這種經書的統治者，專治經學的學者發揮專長的時代，大約要等三百年之後，平安時期即將結束，進入鎌倉時期的時候。不同的時代，隨着社會文化風氣的變化，不同的漢籍類型受歡迎盛行，這是我們回顧日本傳習漢籍的歷史過程所獲的印象。

三、清原家簡介

上節所述時代再往下是平安中期，是整個平安時期中，文化、經濟最繁榮，政治相對穩定的時期。在這種時代背景下，社會上最盛行的是立即能應用的學問，也就是中國史學及文學，因爲想要在貴族社會攀升發迹，少不了漢語詩文的應用能力，而史學、文學能爲撰作漢語詩文提供成語、故事等必要材料。當時日本的「大學寮」設有四門學科，號稱「四道」（明經道、紀傳道、明法道、算道），在律令制度上，將專攻經學的明經道置於首位。然而到此時期，學界要職均爲治中國史學、文學的紀傳道出身者所據，明經道出身者祇能處在下位。

值得注意的是，日本在這段時期逐漸形成了由特定氏族來承擔特定技能、職掌，并且作爲家業、家學世襲相應官職的制度（日本史學界稱之爲「官司承包制」）。即將進入到十一世紀的時候（一條天皇在位，「攝關政治」將達頂峰的時候。「攝關」指「攝政」「關白」。此時藤原氏一家人陸續擔任「攝政」「關白」，獨攬朝政），作爲家門積累學術知識的世襲博士家固定下來，算是這種制度的先驅。大學寮的「四道」分别都形成世襲博士家，明經道也形成了專攻經學，固定占據朝廷明經博士（教官最高位）職位的氏族。具體而言有中原、清原兩家，而後者即爲此帙所由來。清原氏以天武天皇（六七三—六八六在位）皇子舍人親王（六七六—七三五）爲始祖，清原廣澄（九三四—一〇〇九）善於經學，成爲清原家第一個明經博士。因此，清原氏作爲博士家，以清原廣澄爲始祖。廣澄以下，第二代賴隆（九七九—一〇五三）、第三代定滋（一〇〇三—一〇五四）、第四代定康（一〇四二—一一一三）、第五代祐隆（一〇八〇—一一四三），歷代家長均治經學，守世襲職位，雖然不受社會的重視，仍能默默傳承并加深家傳的學問。

時來運轉，以平氏爲首的武士階層勃然興起，政治進入混亂期，平安時期也接近尾聲了。在這種情況下，統治階級高層貴族裏面也開始出現重視經學的人物。首屈一指的代表人物是藤原賴長（一一二〇—一一五六）。他以「攝關家」子弟這種最高級貴族的身份，喜好學問，研習經學，尤好春秋，也曾開辦講解、研討經學的會。賴長侄子藤原兼實（一一四九—一二〇七）也作爲重視經學的政治家而著名。值此經學復興時運的清原氏家長，乃是祐隆之子第六代清原賴業（一一二二—一一八九）。賴業年輕時曾經參加賴長主辦的講座，壯年時期置身於社會混亂當中，至晚年頗受藤原兼實敬重，常被咨詢政策問題，有較大的政治影響力，於是清原氏家門的社會地位有了大幅度提高。今存淵源於清原氏的多種漢籍古抄本，往往有「奧書」記載賴業講過或校過其書的情況。應該是因爲賴業是清原氏的中興祖，抄本加了賴業相關的「奧書」，被認爲可以提高該抄本的身價。

有一本清原賴業用過的春秋經傳集解殘卷（存卷十）至今存世（公益財團法人東洋文庫藏。有二〇一五年勉誠出版彩色影印本，作爲東洋文庫善本叢書第九種出版）。據「奧書」記載可知，該本爲保延五年（一一三九）五月十八日，當時十八歲的賴業從父親祐隆接受「庭訓」時使用過的本子。也就是説，當父子對讀傳授（「傳授」情況請參下文第五節第一項）時，兒子賴業所持的本子。該本與此帙之間的關係，將在下文第六節論述。

四、金澤文庫簡介

十二世紀末，日本成立了「鐮倉幕府」武人政權，因而在武人聚居的中心城市鐮倉也逐漸形成了可與從前首都京都比肩的高級文化圈。

以京都爲據點的貴族清原氏，由賴業四子良業（一一六四—一二一〇）繼承家業當了家長。原本準備讓次子近業（一一五二—一一八三）繼承家業，無奈被捲入時代轉變的內戰，戰死於法住寺戰役，故由良業來替換。清原良業及子孫其後一直留住京都，爲朝廷官員，而賴業三子清原仲隆（一一五五—一二二五）之三子（賴業之孫）教隆（一一九九—一二六五）作爲清原氏的旁支，前往鐮倉，爲幕府效力。

來到鐮倉的教隆給武人們傳授學問，其中最有名的一位是北條實時（一二二四—一二七六）。北條政子（一一五七—一二二五）是第一代將軍源賴朝（一一四七—一一九九）之妻，因而北條一族在隨後的鐮倉幕府當中擁有了最大的政治勢力。北條實時也是幕府最有權勢的統治者之一，同時他也以好學著稱。實時建立一套別墅，并收藏了一批可資經世治國的日漢典籍。這套別墅裏建設的書庫（以及其知識活動空間），通稱「金澤文庫」（金澤是地名，後來實時一族也取以爲家號）。金澤文庫爲實時之子顯時（一二四八—一三〇一）、之孫貞顯（一二七八—一三三三）所遞傳，顯時、貞顯皆與清原教隆之子直隆、俊隆兄弟等清原一族的學者積極交流，自己也刻苦學習。金澤文庫收藏的漢籍（通稱「金澤文庫本」）之中，有的古抄本上面保留當年北條實時師事清原教隆，教隆傳授博士家世傳「家説」的遺迹，也包括一批重要的南宋刊本，無論數量還是質量都有極高的價值和意義。例如群書治要、白氏文集、文選集注等，是依靠金澤文庫本的存在纔能瞭解早期面貌的著名代表，此類獨一無二的重要古抄本不止五種。其實，日本傳存至今的極品漢籍版本、抄本，其中大部分都是金澤文庫本。應當説，在日本甚至世界範圍的漢籍流傳歷史上，金澤文庫以及爲此提供學術支持的清原一族，無疑都起到了十分重要的作用。

五、此帖形成的過程

（一）「傳授」經典

在説明此帖的形成過程之前，先要介紹日本古代、中世師徒之間傳授學問的形式。日本當時所謂「傳授」指的是師徒之間一對一的對讀講解，是隨老師學漢籍必不可少的行爲。可分三個步驟來介紹。

甲　抄寫：「傳授」就是師徒對讀，所以當「傳授」時，作爲前提，自然需要師徒各自持有一部書。常見的情況是，弟子借用老師（或其周圍人物）擁有的本子重新抄寫一份（或受捐贈），準備接受「傳授」。

乙　準備：接下來，也在「傳授」之前，還要對已經擁有的書本進行必要的加工。具體而言，需要「加點」（或稱「移點」）和「校合」。「加點」要加的是提示原文的日語翻譯的符號（「訓點」，參下第六節第二項）。通常仍以抄寫使用的底本爲底本，連正文一起寫録訓點。將抄好的書本與老師的書本等對校，檢查有無訛誤，這種校對叫「校合」。又，在此階段，往往將抄寫底本及「校合」使用的書本所見「奧書」（題識）移録在自己抄好的書本末尾。因爲是底本的「奧書」，所以也叫「本奧書」。古抄本經常看到開頭稱「本奧云」的題識，指的就是這種情況。

丙　傳授：上述準備妥當之後，通過一對一的對讀，進行「傳授」。具體而言，是誦讀并確認「訓讀」（日語譯解）。此刻老師手持的是老師家（博士家）世代遞傳的最純正可靠的本子，叫作「證本」（或「正本」）。「傳授」時，也會就解釋上的疑難進行講解，則以博士家「證本」爲基礎，叙説博士家自己確定并累世墨守下來的觀點。到此，一系列「傳授」活動算完成了，老師會在弟子所持書本末尾再加題識，證明傳授完畢，叫作「傳授奧書」（或「加證奧書」）。

師徒之間「傳授」的形式大致如此。至於他們形成如此「傳授」儀節的理由，則是因爲在古代、中世的日本，學説是一種秘密，衹有在一家門或流派之内世代遞傳。若無正式拜師的師徒關係，没有資格知道或稱「家説」「秘説」的博士家學説觀點。就以此帙爲例，在此帙形成之前，或在清原氏家門内，或從清原家學者到北條氏人物，也都經過了無數次「傳授」。

此帙應該是據屬於清原氏的某一學者手裏的本子轉抄的。通過此帙，我們可以觀察到作爲世襲博士家的清原氏將其左傳學世代相傳以至成熟的過程，具有極高的文化史價值。清原氏一門最擅長左傳學，後世清原氏也有「傳博士」的別稱。

（二）據「奧書」推論清原家研習傳授的過程

此帖「奧書」非常詳細，多達兩百五十條以上。「奧書」内容繁雜多樣，語言似漢非漢，似日非日，相當難解。今就「奧書」内容，按時間順序介紹清原氏家門内研習左傳的情況。

上第二節已經提到，此帖「奧書」中時間最早的是，天長九年（八三二）七月九日苅田種繼講習左傳的記載（見卷二十五）。似乎是久壽三年（一一五六）清原賴業（雖不確定）校對「或古本」時，轉録「或古本」上的記載。時間再往後的學習記録是，應德元年（甲子，一〇八四）清原定康（一〇四二—一一一三）讀左傳的記載（見卷十六、卷十八、卷十九）。定康是清原氏第四代，是賴業之祖。曾任「上總介」，是清原氏家門都没第二人當過的特殊職位，所以清原氏後人有時稱之爲「上總殿」。據神宮徵古館藏古文尚書卷十三「奧書」可知，這位清原定康在平安後期已經用「古本并唐本釋文」（「唐本」應該是宋刊本）來給經書標注讀音。

接下來，此帖「奧書」中數量最多的是有關清原賴業研讀左傳的記載。如上文第三節所述，賴業是清原氏一家歷史上最重要的中興祖。

據云賴業十四歲開始有志於學業，保延五年（一一三九）十八歲已經學到左傳了（見卷三十）。東洋文庫藏春秋經傳集解殘卷（存卷十）是當時賴業實際用過的本子，如上文已介紹。當時賴業接受「傳授」之後，隨即用宋刊本進行校對（見卷十六、卷十七、卷十八、卷十九、卷三十）。這些應該算初學階段該做的學習内容。「奧書」見「摺本」「唐本」等詞，均指宋刊本。

後來，賴業自仁平三年（一一五三）至保元元年（一一五六）之間，再次研讀左傳（見卷十六、卷十七、卷十八、卷十九、卷二十五、卷三十）。此次他用春秋正義及清原家還有別家世傳的本子進行校勘。稍早以前的久安六年（一一五〇），多虧藤原賴長的熱心推薦，賴業被提拔爲直講（最低級別的明經道教官），賴業對學業的熱情或許由此重燃（見卷三十）。

卷十、卷十五、卷十八的「奥書」也有應保二年（一一六二）及長寬二年（一一六四）關於賴業之弟清原祐安（？—一一八四）學習情況的記載。祐安與中原家有密切的關聯，而清原、中原是互相競争的兩家明經道世家。通過祐安的活動，我們可以推測當時這兩家實際上在嘗試開展積極的交流（參考文獻：齋藤b）。

接下來此帙「奥書」給我們展現的是，賴業與其兒子之間的「傳授」情況。其中卷十五有嘉應二年（一一七〇）對「適男外史二千石」（指清原近業。當初準備讓他繼承家業，故稱「適男」，參上第四節）「傳授」的記載。此外都是對後來繼承家業的四子良業的「傳授」記録（見卷三、卷四、卷五、卷七、卷八、卷十、卷十三、卷十五、卷十七、卷十八、卷二十、卷二十一、卷二十二、卷二十三、卷二十四、卷二十五、卷二十六）。在「傳授」兒子之前，賴業有時也曾重新校對，做準備（見卷十五、卷十七、卷十八、卷二十）。良業是壽永二年（一一八三）忽然被指定爲嗣子（參上第四節），而第二年壽永三年（四月改元爲元曆元年，一一八四）賴業即對良業進行第二次的「傳授」（見卷三、卷八、卷十五、卷十八、卷二十、卷二十一、卷二十三、卷二十四、卷二十五、卷二十六）。這裏不妨推論清原氏世傳的學説當中，有一部分内容祇「傳授」給嗣子，是宗家家長獨傳的秘説。此外，此帙「奥書」也有賴業三子仲隆對長子仲宣以及三子教隆（本名仲光）「傳授」的記載。

經過上述清原氏歷代人物的研習、傳授，此帙正文及批注（包括訓讀等）的内容，在十三世紀後半段的金澤文庫又被「傳授」下去了。此帖所載「奧書」能讓我們今日瞭解到賴業的事迹以及其前後時期歷代清原氏的研習情況，是我們研究日本如何接受經學的極其寶貴的資料。

清原家系圖

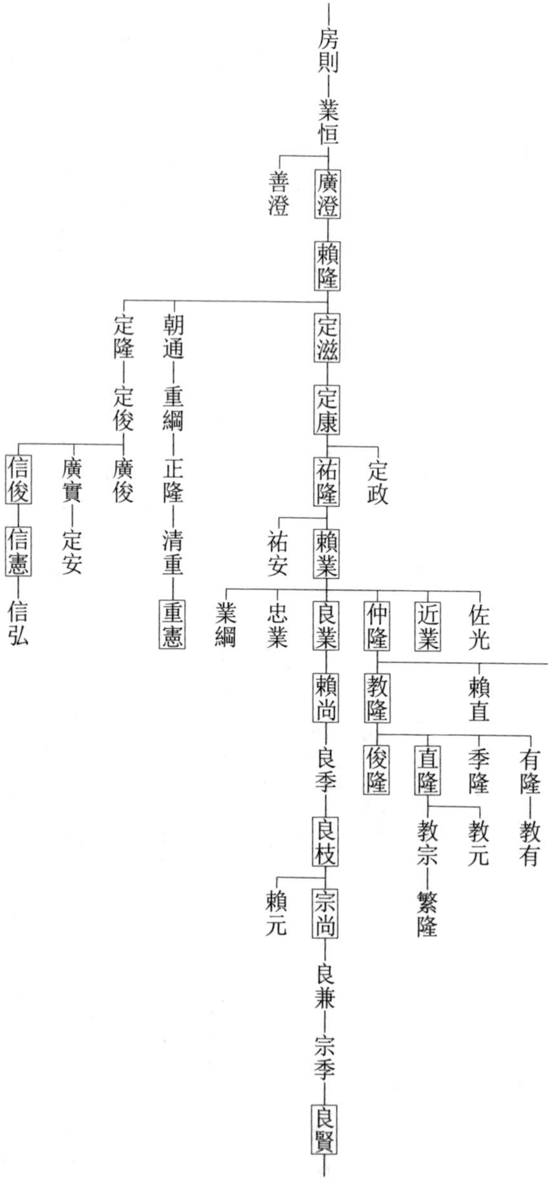

北條氏系圖

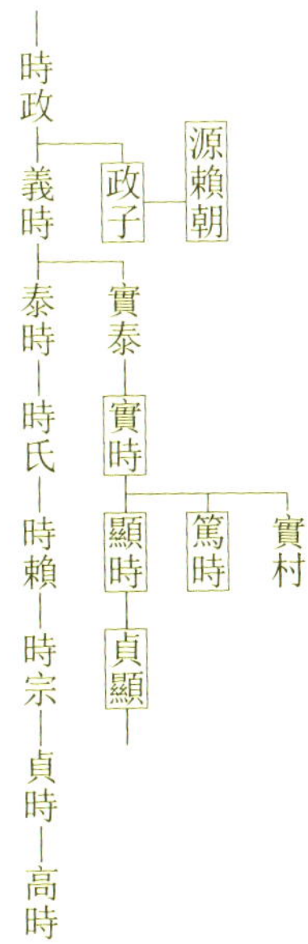

※圖中加框的人物見於此帙「奥書」以及本稿中。

（三）抄寫與混配

接下來，也根據「奥書」記載來介紹此帙形成的過程。

此帙春秋經傳集解三十卷三十軸，雖然是日本現存最古老的足本，實際上由三種不同時間抄寫的本子混配而成。

第一種構成此帙主體部分，全書三十卷中占二十六卷，即卷十四、卷十五、卷二十三、卷二十六以外的部分。是北條實時次子篤時於文永四年（一二六七）十月十一日起至第二年七月十四日，花大約九個月時間抄寫的（不排除讓助手代抄的可能性）。「奥書」所見「越後次郎尊閤」「越州才郎尊閤」等均指北條篤時。

他抄寫的底本是乃父實時自建長五年（一二五三）至文永二年（一二六五）之間從清原教隆接受「傳授」時用的本子。「奥書」所見「灑掃少尹尊閣」「越州使君尊閣」等均指實時，「前參河守」「參州」等則指教隆。抄寫完成的第四天開始，篤時就請教隆的兩個兒子直隆（朝請大夫，一二三四—一二九九）、俊隆（音博士，一二四一—一二九〇）輪流給他「傳授」。文永五年（一二六八）七月十七日「傳授」卷一，依次進行，最後到第二年十月二十一日完成了卷三十。每次受「傳授」之前，篤時都有借直隆、俊隆二人的本子，校對一卷的内容。

第二種是卷十四、卷十五兩卷。這是北條實時的繼承人四子顯時在實時過世後的弘安元年（一二七八）九月二十二日據清原俊隆的本子轉抄的。隨後的十月十二日俊隆「傳授」卷十四給顯時，閏十月三日又「傳授」卷十五。「奥書」所見「從五位下行左近將監平朝臣」「越後左近大夫將監尊閣」均指顯時。

第三種是卷二十三、卷二十六兩卷。不知爲何，這兩卷保留了北條實時接受清原教隆「傳授」時抄寫的原本（參考文獻：佐藤）。抄寫的底本，「奥書」稱是「清參州之本」，也就是清原教隆的本子，其實應該是教隆之子直隆的本子（參考文獻：齋藤a）。弘長元年（一二六一）六月十三日抄寫卷二十三，文永二年（一二六五）一月十一日抄寫卷二十六。這兩卷連同卷十四、卷十五，當實時繼承人顯時受「傳授」時也被使用過。弘安元年（一二七八）五月三日清原俊隆「傳授」卷二十三給顯時，同年六月三日俊隆又「傳授」卷二十六給顯時。

後來，顯時之子貞顯任「六波羅探題」（鎌倉幕府設在京都的代表機構長官）住在京都，於嘉元三年（一三〇五）、四年（一三〇六）由當時京都清原氏的宗家家長良枝、宗尚父子（賴業的玄孫及其子）「傳授」左傳，也曾用過此帙的卷十四、卷十五、卷二十三、卷二十六。顯時、貞顯父子繼承實時爲金澤文庫主人，或因此能够獲得實時原本，父子先後都用以接受「傳授」。然而卷十四、卷十五在實時在世時毀於火災，顯時衹能重新抄寫，因此這兩卷接受「傳授」的時間在其他各卷之後。（卷十四、卷十五「奥書」均有云：「先君御時，回禄成孽，重被書點之間，越卷有訓説之故也。」）

綜上所述，此帙三十卷以北條篤時所用二十六卷爲主，配補北條顯時、貞顯父子所用四卷（顯時新抄的兩卷及實時以來的兩卷）而成。然則何時混配如此？在篤時所用二十六卷中，除了卷十六，其他的二十五卷，均有室町時期應永十四年至十六年（一四〇七—一四〇九）之間，鎌倉山内自號「醉醒軒主」名「怡」的人物閲讀過的識語，而混配的四卷并無此人題識。據此推測，混配的時間應該在應永年間之後（參考文獻：齋藤a）。

（四）書志

以下，主要依據圖書寮漢籍叢考及「宮内廳書陵部收藏漢籍集覧」所載，記録此帙的基本客觀信息。

所在：宮内廳書陵部藏，函架編號：550—1。

裝訂：卷子裝，日式大型三十軸。

書衣（褾）：後補深藍抛光紙（28.4×37.2釐米）。左上方貼題簽曰「左傳集解　幾（卷数）」，第一軸於卷數左旁又有「共三十卷」四字。有卷端木條。書衣反面（玉池）：刷雲母。

用紙并格式：斐紙。襯紙補修（避開背面有文字處）。一紙幅度約49.1釐米，十六行十二字至十三字，淡墨欄，界高約21.7釐米，界寬約3.0釐米。但卷十四、卷十五則一紙幅度約66.8釐米，二十一行十一字，淡墨界，界高約21.4釐米，界寬約2.9釐米。卷二十三、卷二十六則一紙幅度約48.6釐米，十六行十一字，淡墨界，界高約21.3釐米，界寬約2.9釐米。各卷書眉標「傳（經）」，注文小字雙行。

紙數：第一軸五十八紙，第二軸四十八紙（第一紙係補抄，無訓點，無校注），第三軸五十七紙，第四軸十六紙，第五軸五十四紙，第六軸四十九紙，第七軸四十四紙，第八軸四十四紙，第九軸四十一紙，第十軸三十六紙，第十一軸四十三紙，第十二軸五十七紙，第十三軸六十一紙，第十四軸四十五紙，第十五軸四十八紙，第十六軸四十七紙，第十七軸四十三紙，第十八軸五十七紙，第十九軸四十六紙，第二十軸五十一紙，第二十一軸五十八紙，第二十二軸四十一紙，第二十三軸六十三紙，第二十四軸四十九紙，第二十五軸四十六紙，第二十六軸五十六紙，第二十七軸三十七紙，第二十八軸四十紙，第二十九軸六十六紙，第三十軸六十四紙。第一軸第一至第九紙録春秋左氏傳序，第九紙中間以後録卷一，序終，改行接寫卷一標題，并不空行。第二軸録第二卷，以下一軸一卷，第三十軸録卷三十至第五十六紙中間，卷三十終，改行接寫後序。

印記：每軸首尾鈐「金澤文庫」雙邊陽刻方形墨印，每卷首鈐「秘閣圖書之章」單邊陽刻方形朱印并「宮内省圖書印」單邊陽刻方形朱印。

今案「金澤文庫」印其實有兩種。卷十四、卷十五、卷二十三、卷二十六所鈐筆畫較粗，是關靖先生分類（參考文獻：關「本論」第三章）所謂二類一號印，其餘二十六卷所鈐筆畫較細，爲所謂三類一號印。兩印錯見的情況，與上節所述混配情況吻合。「秘閣圖書之章」爲「明治維新」後，明治政府的最高行政機構太政官正院所屬歷史課對「紅葉山文庫」舊藏本所鈐（參考文獻：福井 八「明治以後の紅葉山文庫本」），「宮内省圖書印」爲明治二十四年（一八九一）此帙歸宫内省（圖書寮）以後所鈐（參下第七節）。

此帙間有紙張順序錯亂之處，也有行間批注恰在前後紙張黏結處，部分筆迹被覆蓋看不完整的情况，應該都是後來經過修補的結果。

六、文字内容

（一）經傳注正文

今舉一例介紹上文第一節講到的日本傳存漢籍古抄本文本的獨特性（參考文獻：齋藤 c）。此帙卷十宣公二年傳云「乙丑趙穿煞靈公於桃園」（「煞」即「殺」）。此處今日通行刻本皆作「乙丑趙穿攻靈公於桃園」，此帙「煞」字右旁也有小字注記「攻」字。而此「攻」字右下方云「才乍」，是「摺作」的略寫，意謂「刊本（鎌倉時期流傳到日本的宋刊本）作此字」。就是説，當時日本人注意到此處文本與宋刊本之間有差異。就此處異文，清人王引之（一七六六—一八三四）經義述聞（卷十八）有如下説法。

「攻」本作「殺」。殺字隸或作「煞」，上半與「攻」相似，又因上文「伏甲將攻之」而誤爲「攻」耳。趙穿殺靈公，故大史書曰「趙盾弑其君」。若但攻之而已，則殺與否尚未可知，大史何由而書弑乎。

杜注「宣子未出山而復」曰「聞公殺而還」。「公殺」正謂趙穿殺靈公，則杜所據本作「殺」明甚。

（下略）

王引之主張傳文應該作「趙穿殺靈公」，與日本傳存的此帙文本吻合。楊伯峻撰春秋左傳注（中華書局）乃據此金澤文庫本及王引之説，校定作「乙丑，趙穿殺靈公於桃園」。此帙文本與通行本不同者所在多有，可資探討唐代或更早的文本面貌，其今日而欲爲校定者尤不得忽視此帙。

順便再看上文第三節末尾提到過的東洋文庫藏春秋經傳集解殘卷（十二世紀中期清原賴業所用），那是僅存第十卷的日本古抄本。該本此處作「乙丑趙穿弑靈公於桃園」，與經典釋文「或作」同（經典釋文標「趙穿攻」，注云「如字，本或作弑」）。清人李富孫（一七六四—一八四三）春秋左傳異文釋卷四云：「『趙穿攻靈公於桃園』，晉世家『攻』作『襲殺』。釋文云『攻，本或作弑』。案：義當作『弑』。『襲殺』是據事言之。」（皇清經解續編卷五六四）李説與東洋文庫本吻合。

在此也要説明此帙金澤文庫本與東洋文庫所藏殘本之間的關係。因爲這兩部都與清原家的學者（賴業與教隆，前者是後者之祖父）密切相關，容易令人想像從東洋文庫本到金澤文庫本的傳承關係，曾經有些人以爲東洋文庫本即金澤文庫本轉抄的底本。然而對校兩本第十卷（東洋文庫本僅存這一卷），會看到超過五十處的正文異同，這還不算「也」「之」等助詞有無數不勝舉的出入。據此我們無法承認這兩本之間存在直接的繼承關係，雖然兩本批注（書眉、行間、紙背等）呈現高度的一致性，如下一項我們要介紹。

東洋文庫本與金澤文庫本同出一個博士家，批注内容也高度一致，而正文確有較大出入，到底該如何理解？筆者認爲這種現象背後應該要考慮清原家「傳授」的特殊情況。具體而言，要考慮不直接使用「傳授」老師的本子，而用其近親的本子當底本轉抄或捐贈的情況。例如當清原教隆「傳授」給北條實時時，借給實時讓他轉抄的，并不是自己的本子，而是其子直隆、俊隆的本子，這一點可據此帙「奥書」推測到（參上文第五節第三項）。又如此帙卷三十「奥書」轉録清原賴業識語有云：「以内匠允重憲本，受家君之玄訓了。」「内匠允重憲」是指同族（參上文插圖清原家系圖）的清原重憲。據此可知，他從父親接受「傳授」，却用了清原重憲的本子，「傳授」師徒之間，所據文本本來未必一致。抄本不可避免地産生各種各樣的異文，不妨認爲清原一族在這種抄本文化當中，形成了接受異文的獨特的學術習慣（參考文獻：齋藤a）。

（二）訓點、訓解

漢籍原文，不用説是漢語文本。日語雖然吸收了漢語詞彙，但漢語與日語之間仍然存在較大差異，如漢語用語序來表現語法關係，而日語要用助詞、助動詞等附加詞來表現。於是古代日本人爲便於用當時的日語來理解（「訓讀」）漢籍原文，在漢語文本的漢字周圍添加了必要的信息。這樣添加的信息，總稱「訓點」。

「訓點」包括「訓」和「點」。「訓」是對應每一個漢字的日語詞讀音，就是指漢字周圍或書眉主要用墨筆寫的片假名（此帙所用片假名與今日日本所用并不完全一致）。以日語爲母語的日本人靠此「訓」能够理解漢字的意義及與上下字詞的語法關係。「點」是漢字周圍主要用朱筆添加的符號。這些符號主要代表日語的助詞、助動詞以及句讀，不同的位置和形狀代表不同的意義。例如加在漢字右上角的「星點」（就是一個點。最單純的符號，看標在一個漢字的哪一位置而代表不同意義，猶如天球上分佈的星星，故稱「星點」）代表日語助詞「ヲ」，稍微下來一點則代表「コト（事）」，等等。據此兩個代表性位置，「星點」也叫做「ヲコト點（或寫「乎古止點」）」。「星點」之外，還有「綫點」「鉤點」等（并非一個點的）不同形狀的「點」，此帙也用到很多。

解讀「訓點」，直接涉及如何解釋原文的問題。理解「訓」（片假名），對以日語爲母語的日本人來説并不困難，而「點」（乎古止點）就不一樣，衹有事先瞭解一套規則，才有可能明白各種符號的意義。這與上述「傳授」的方法也密切相關（參上文第五節第一項）。如何解釋、訓解漢籍原文的一套學説（「訓説」），在日本古代及中世，爲了保護家業的專業性和世襲性，需要保持較高的隱秘性，因而有必要使用不容易明白的暗號。隨着時代變遷，後來有越來越多的人讀書做學問，到了十六世紀博士家的學説也逐漸被公開流傳了。在此背景下，「乎古止點」逐漸衰退，最後漢籍訓説都幾乎完全用片假名來記録。此帙三十卷從頭到尾都有包括「乎古止點」在内的非常詳細的各種訓點，故歷來被視爲極其珍貴的日語史資料。也可以期望今後學界通過此帙來探討日本古代、中世解釋漢籍的具體情況。

又，宮内廳書陵部與此帙一起收藏一部群書治要（有汲古書院影印本），其中經書部分，也保留了同樣出於清原家的訓解。然而將其卷五、卷六（春秋左氏傳中、下）所標「訓點」與此帙相較，則又有較大的差異（參考文獻：小林　第五章第四節第二項）。

（三）參考正義的痕迹

本書書眉、行間及紙背都有不少批注，其中往往有歷代清原氏學者參考孔穎達等春秋正義而確定的家傳學說。此帙卷一傳文開頭處標注「正二」，卷三十首題上標「正三十六中」等，乃提示經傳正文與春秋正義三十六卷（非附釋音六十卷本）的對應關係。卷一開頭即有稱「正云」，引録正義的批注；稱「正説」或「依正」，參考正義而自行討論的地方也屢見不鮮。

上文第五節第二項已經介紹，此帙「奥書」可知清原頼業確實讀過春秋正義。又，東洋文庫藏本亦有與此帙相同的依據正義的批注。因而以往學者通常都認爲此帙所見清原家歷代形成的左傳學説，整體上是由頼業參考正義酌定的。然而研習經書而參考五經正義，在日本十世紀已經開始（參考文獻：小助川）。十二世紀的清原頼業參考過正義這一情況，應該認爲没有任何特殊性。此帙體現的清原家左傳學説，可謂以正義爲基礎。而他們形成這一套相當成熟的學説，筆者認爲頼業以前的清原家歷代家長應該都有各自的貢獻。

清原家歷代墨守根據漢唐訓詁的傳統家説的學術態度一直延續下去，直到十五世紀初的家長（清原良賢）開始吸收宋代新注的觀點，才有變化。順便可以指出陽明文庫所藏宋版春秋經傳集解（江陰郡刻本）有室町時期（疑在十五世紀左右）的研習痕迹，其中批注也見與此帙一致的學説。據此推測陽明文庫藏本的傳承過程中恐怕也曾有屬於清原家一門的學者的參與。

（四）校注

此外，此帙還有大量批校。稱「古説」「家説」「或説」等，大致都是用自家或别家傳本校勘的成果。據此帙「奥書」可知，清原頼業也做過這種校勘（參第五節第二項）。此帙又有稱「本」或「一本」而提示異文的批注，而此類批注往往都是照録經典釋文，并非清原家學者自己校勘的結果，需要細心分析（參下文第五項）。

今又從卷十舉一例，參考東洋文庫藏本，説明此帙校注的一些情況（參考文獻：齋藤c）。此帙卷十宣公二年傳文開頭，正文看起來作「鄭公子歸生受命于楚伐宋」。但「受」字中間朱筆標圈，左旁記「才ナ」。「才ナ」是「摺有」的簡寫（行間批注，爲了防止筆畫重叠混淆，往往減筆畫簡寫。與片假名的産生一樣的道理），意思是説宋刊本有「受」字。今案現存諸版本皆作「受命于楚」，有「受」字。然而這裏特意提示宋刊本有「受」字的事實，反過來説明有某本没有「受」字，作「歸生命于楚」。

單獨看此帙，還不能確定爲何需要如此校記。核查東洋文庫藏本，則不僅在「受」字左旁記「才ナ」，右旁又有「或古本无受字」六字批注。於是我們可以推知在清原頼業（或更早的某人）看到過的某一古抄本上面存在過作「歸生命于楚」的文本。這也符合經典釋文標出「命於楚」，注云「本或作『受命于楚』，非也」的情況。至此我們不妨推定此帙「受」字中間的朱圈應該是删字符號，竹添井井左氏會箋（一九〇三年）以此帙爲底本，而作「歸生命于楚」，應該也出於這種判斷。像此帙這樣的古抄本都没有凡例，祇有一一做這樣的調查分析，才能推定各自獨特的符號的意義。

又案：楊伯峻春秋左傳注此處正文亦作「歸生命于楚」，認爲若如通行版本作「受命于楚」，則杜注作「受楚命也」爲重複，又舉清人臧琳（一六五〇—一七一三）、洪亮吉（一七四六—一八〇九）、劉文淇（一七八九—一八五四）說，以金澤文庫本（楊氏所據其實是經過整理的左氏會箋）爲正。可見此帙金澤文庫本以往主要通過左氏會箋對現代的左傳研究也有所影響，如今讀者可以直接目睹抄本原貌，可以期望會有新的發現。

（五）經典釋文的全面抄録

在古代日本研習經書，除了孔氏正義之外，還有初唐陸德明（？—六三〇）撰經典釋文（陸氏音義）是必不可少的。明經道的博士家當研習經書時特別重視經典釋文（參考文獻：足利 第三編第十三章第三節，沼本 第二部第一章第一節）。

在古代日本，一直到平安中期（大約十世紀）以前，誦讀漢籍的一般情況應該并用音讀（念漢字字音）與訓讀（念日語譯解）（參考文獻：中田 第一編第一章）。後來音讀廢行，而專用訓讀。但就經書而言，直至平安後期似乎仍有音讀習俗。據藤原賴長日記，其學習左傳有「高聲讀之」的環節〔見『台記』康治二年（一一四三）七月十三日條〕，可以推測爲音讀。又，日本令制度有「音博士」一職，是大學寮（後歸明經道）教官，制度規定的職務是教授念誦經書，是承擔基礎教養的級別相當低的教官。雖然如此，畢竟是明經道的教官職位，所以也由明經道博士家清原、中原兩家來世襲。歷代清原氏當中，如賴業之父祐隆曾經擔任此職，俊隆「傳授」給北條篤時時的職位也是音博士。

考慮到這些背景，則此帙幾乎全面抄録經典釋文也不足爲奇。引録作「立」「六」者，皆「音」字的減筆略寫。所録内容間有不合今本經典釋文（通志堂本）之處，而且也有特標「オ」（摺本，指宋刊本釋文）而抄録符合今本内容的地方。經典釋文除了全本，也有左傳單行本，如金澤文庫本宋版春秋左氏音義（興國軍學刊本，前田育德會尊經閣文庫藏，有古典保存會影印本）。爲綜合探討經典釋文文本的演變以及宋代校刊以前的面貌，此帖也會提供一些綫索。

又案清原賴業用過的東洋文庫藏春秋經傳集解殘卷（存卷十），抄録經典釋文也幾乎全面，而且其刪節情況以及所録釋文與經傳集解正文和刊本經典釋文的異同校記等頗具特色的内容，也與此帖卷十大致相同，可見此帖抄録經典釋文即清原家平安時期以來歷代所傳承。然而值得注意的是，此帖抄録經典釋文往往出現位置錯亂以及反切訛誤等情況，而相應内容在東洋文庫藏本上都正確不誤。下一項將介紹此帖校對宋刊本的校記較東洋文庫本增多，而抄録經典釋文的質量則明顯下降，換言之，音注的地位相對下降了。現在推測出現這種現象的原因，隨着時代下降，音讀習俗更加衰退自然是一個背景，筆者認爲還有一點不能忽視的是，東洋文庫藏本是清原賴業所用，他以經學爲家業，自當注意音注，而此帖是統治階級武人北條氏所用，不必在乎音注，則其本出現較多錯亂也不足爲奇了。

通過此帖我們也能瞭解到鎌倉時期清原氏家門利用釋文的一些情況。此帖卷三十「奥書」云：「文永元年三月七日書寫了，散位清原俊隆。同十一日，以摺本付釋文了。」這是説清原俊隆文永元年（一二六四）三月七日抄完正文，第五天十一日用刊本抄録了釋文。後來到同年九月十八日，俊隆持此本請教隆爲之校點。可見對清原家一族學人來説，抄録經典釋文音注是伴隨抄寫正文的行爲，并非在「傳授」訓説或「校合」時一邊學習一邊抄録的。

經典釋文的内容，除了訓詁義注、反切音注，還有漢魏六朝諸家的解釋以及諸本異同。這些内容也都見於東洋文庫藏本及此帙，雖然不是機械地照録全文，但引録幾乎全面。結果會出現很多「本或作」「一本作」等校記。這些校記出於六世紀的中國，并不是十一至十三世紀日人的校注。看到此帙中的校對批注，必須先核查經典釋文，注意分辨哪些是抄録釋文，哪些是日人的校記。

（六）對校宋刊本的校記

宋刊本開始傳入日本在十世紀末，而隨後的一百幾十年之前，宋刊本被視爲極其珍貴的鴻寶。例如十一世紀日本手握最大權力的藤原道長（九六六—一〇二八）在其日記（日本貴族非常重視先例，而且一家人歷代世襲同一職掌，故寫日記供子孫參考。）御堂關白記長和二年（一〇一三）九月十四日寫過：「入唐寂昭弟子念救入京後初來。志，摺本文集并天臺山圖等。（引者案：此乃原文，語言特殊，非漢非日，又漢又日）」入宋僧寂照（又作「寂昭」。？—一〇三四）弟子念救臨時回國時，貢獻給藤原道長的禮物之一，是當時日本最流行的白氏文集的宋刊本。藤原道長也曾執着地追求獲得蜀版大藏經（開寶藏）。可見當時宋刊本受重視的程度。

道長的六世孫藤原賴長以好學著稱，特别鍾情於宋刊本。據其日記可知，當他學左傳時曾用宋刊本校正文字句讀［見台記康治元年（一一四二）二月七日］，策劃獲取清原信俊（一〇七七—一一四五）所藏宋刊本周易正義［見同書康治二年（一一四三）十一月二十四日］，又精心策劃企圖獲得清原信俊之子信憲所藏宋刊本周禮疏［見同書久安二年（一一四六）三月十一日］。

由十一世紀到十二世紀，時間越晚宋刊本的存在感越大。此帙抄寫在十三世紀後半段，則有「扌无」「扌ナ」「扌乍」等宋刊本異同的校記不計其數。此帙卷十的這類校記當中，有一些是十二世紀前半段抄寫的東洋文庫藏本所没有的。這意味着兩部抄本之間的一百二十年時間當中，他們曾經嘗試對宋刊本進行更詳細地校對。兩部抄本相較，上項所述引録經典釋文變得更亂，而校對宋刊本的校記變得更加精細了。又，仔細觀察此帙宋刊本異同的校記，會看到有些地方墨色濃淡不一，不妨認爲他們在不同時期進行過多次校對。

要之，此帙反映十世紀到十三世紀之間，日本春秋學甚至經學發生了音讀的衰廢及刊本地位的提高這兩方面重要變化。

最後，還應該指出此帙與敦煌抄本之間的文本共性。此帙文本與宋刊本不同之處，核之敦煌抄本却往往一致。日本與敦煌相隔四千公里，而兩地保存的文本吻合，則可以認爲是在宋刊本出現之前，也就是在唐代，從中國往東往西放射性地傳播文化的一種痕迹。看到這些例子，我們不得不感覺到包括日本在内的非中國中心地區分別發展的各自獨特的漢學多麼地有趣。

七、此帙的流傳過程

在此簡述此帙從金澤文庫流散到現在歸宫内廳書陵部的流傳過程。

上文第五節第三項已經介紹在北條氏執政的鎌倉時期結束之後，室町時期前半段的應永年間，鎌倉山内有一位「醉醒軒主」「怡」曾經閲覽此帙。這説明此時此帙的大部分已經從金澤文庫流散到民間。後來此帙恐怕也一直没離開過鎌倉一帶。據説天正十八年（一五九〇）當豐臣秀吉（一五三七—一五九八）攻打當時統治鎌倉所在地區（相模國）的「後北條氏」時（雖然同稱「北條氏」，此一氏族與上文屢次出現的鎌倉時期「北條氏」并無關係。此次戰役在日本史上稱「小田原征伐」），關心文化的嗣子豐臣秀次（一五六八—一五九五）將包括此帙在内的大批金澤文庫舊藏本收走到大坂（即今「大阪」）（參考文獻：川瀨a，川瀨b）。

隨後，德川家康（一五四二—一六一六）統一日本，建立「江户幕府」政權，此帙也轉歸了他。這是與豐臣秀次有過交情的京都禪宗相國寺的僧人（文嶺承艮）所奉獻［見駿府記 慶長十七年（一六一二）四月二十六日］。德川家康本性好學，據説此帙終生不離其身邊。家康卒後，此帙作爲德川將軍家的收藏品，一直保管在江户城内紅葉山文庫中。「明治維新」後轉爲明治政府所管，明治二十四年（一八九一）移歸宫内省圖書寮（後改稱宫内廳書陵部）至今。

要之，此帙自十六世紀末爲豐臣秀次所有之後，一直在日本最高統治者手中。在近世、近代日本的這種流傳經過，也爲此帙多添了傳承的可靠性，增高了價值。

八、近現代日本參考利用此帙的情況

明治三十六年（一九〇三）竹添井井（一八四二—一九一七）問世的左氏會箋以此帙爲底本，又集清代諸家之大成，頗有盛名。此帙藏於日本皇家書庫，真正字面意義的「深藏秘府」，因此以往的研究或稱依據金澤文庫本，往往不過轉據左氏會箋而已。問題在於此帙爲手工抄本，因而有抄錯後標注符號代表删除之類諸多複雜的情況，確定文本實屬困難（參上文第六節第四項）。今由師顧堂影印此帙金澤文庫本春秋經傳集解，爲廣大學者隨時核對參考提供條件，可以期望相關研究會進一步提升精確程度，對學界有廣泛的積極影響。

作爲此帙解題，圖書寮典籍解題漢籍篇（一九六〇年刊）已經完備，所有「奥書」都有録文可查。又，作爲當今日本較爲普及的中國典籍注釋叢書，新釋漢文大系（明治書院）所收春秋左氏傳（全四册。鎌田正撰，一九七一—一九八一年刊）也據此帙金澤文庫本爲底本。最近日本經過慶應義塾大學附屬研究所斯道文庫等的整理加工，在網絡上已經開始公開「宮内廳書陵部收藏漢籍集覧—書志書影、全文影像數據庫—」。爲製作數據庫而做的調查工作所得研究成果，已被結集出版，即宮内廳書陵部藏漢籍研究會編圖書寮漢籍叢考（二〇一八年，汲古書院），其中也包括對此帙的討論及解題。

參考文獻

（日）足利衍述　鎌倉室町時代之儒教（日本古典全集刊行会，一九三二年）。有影印版（有明書房，一九七〇年）

（日）川瀬一馬 a　駿河御讓本の研究（書誌學三卷四號，一九三四年十月）

（日）川瀬一馬 b　日本における書籍蒐藏の歴史（ぺりかん社，一九九九年）。有新版（吉川弘文館，二〇一九年）

（日）關靖　金澤文庫の研究（大日本雄辨會講談社，一九五一年）。有影印版（大空社，一九九二年）

（日）中田祝夫　古點本の國語學的研究總論篇（大日本雄辨會講談社，一九五四年）。改訂版（勉誠社，一九七九年）

〔日〕小林芳規　平安鎌倉時代に於ける漢籍訓讀の國語史的研究（東京大學出版會，一九六七年）
〔日〕福井保　紅葉山文庫（鄉学舍，一九八〇年）
〔日〕沼本克明　平安鎌倉時代に於る日本漢字音に就ての研究（武藏野書院，一九八二年）
〔日〕東野治之　日本古代の『春秋』受容（史料學遍歷，雄山閣，二〇一七年。論文發表在二〇〇〇年七月）
〔日〕小助川貞次　尚書正義との關係から見た古文尚書平安中期点の問題（石塚晴通教授退職記念會編日本學・敦煌學・漢文訓讀の新展開，汲古書院，二〇〇五年）
「宮内廳書陵部收藏漢籍集覧―書誌書影、全文影像データベース―」（網址：http://db.sido.keio.ac.jp/kanseki/）
宮内廳書陵部藏漢籍研究會編圖書寮漢籍叢考（汲古書院，二〇一八年）
〔日〕佐藤道生　金澤文庫本『春秋經傳集解』，奥書の再検討（宮内廳書陵部藏漢籍研究會編圖書寮漢籍叢考，汲古書院，二〇一八年）
〔日〕齋藤慎一郎 a　金澤文庫本『春秋經傳集解』の奥書と傳來（宮内廳書陵部藏漢籍研究會編圖書寮漢籍叢考，汲古書院，二〇一八年）
〔日〕齋藤慎一郎 b　清原家と中原家とをつなぐ祐安（書物學第十四卷，勉誠出版，二〇一八年十二月）
〔日〕齋藤慎一郎 c　『春秋經傳集解』の本文に見る日本傳存漢籍古抄本の意義（藝文研究第一一七號，二〇一九年十二月）

師顧堂叢書已刊書目

儀禮圖　〔清〕張惠言　撰
覆宋嚴州本儀禮鄭注　〔漢〕鄭玄　注
武英殿聚珍版儀禮識誤　〔宋〕張淳　著
張敦仁本儀禮疏　〔漢〕鄭玄　注　〔唐〕賈公彦　疏
景宋單疏本周易正義　〔唐〕孔穎達　疏
鉅宋廣韻　〔宋〕陳彭年　修
儀禮正義　〔清〕胡培翬　撰　〔清〕胡肇昕　楊大堉　補
景宋蜀刻本孟子趙注　〔漢〕趙岐　注
張敦仁本鹽鐵論　〔漢〕桓寬　撰
宋蜀刻本論語注疏　〔魏〕何晏　集解　〔唐〕陸德明　音義　〔宋〕邢昺　疏
增廣司馬温公全集　〔宋〕司馬光　著
景宋八行本周禮疏　〔漢〕鄭玄　注　〔唐〕賈公彦　疏
孫氏覆宋本説文解字　〔漢〕許慎　撰

宋本史略　宋本子略　〔宋〕高似孫　撰

宋版玉篇二種　〔梁〕顧野王　原撰　〔唐〕孫强　增字　〔宋〕陳彭年　重修

金澤文庫本春秋經傳集解　〔晉〕杜預　注